Daniel Odier

Kali

Mythologie, geheime Praktiken und Rituale

Übersetzung aus dem Französischen:
Veronika Sellier

© 2014 Daniel Odier

Collage Umschlag: Silvia Burli
Illustration & Satz: Michael Marschner
Übersetzung: Veronika Sellier

Neubearbeitung nach der amerikanischen Fassung:
Daniel Odier, Tantric Kali, Secret Practices and Rituals.
Inner Traditions, Rochester/Toronto 2016

Verlag & Druck: tradition GmbH, Halenreie 40-44, 22359 Hamburg

ISBN
Paperback   978-3-347-38436-1
e-Book   978-3-347-38438-5

Inhalt

Vorwort

In den mir bekannten Abhandlungen sind einige Praktiken, die ich direkt von meiner Meisterin Lalita Devi erhalten habe, nicht enthalten. Ihr verdanke ich die Kenntnisse der Rituale und der geheimen Praktiken.

Die wunderbare Präsenz von Shree Maa, einer Yogini und Schülerin von Ramakrishna ist mir, was das Kaliritual betrifft zugutegekommen. Sie lebt im kalifornischen Napa Valley und ist eine grosse Verehrerin von Kali[1].

Ich praktiziere das Ritual nie, ohne mir die von ihr geschenkte Rudraksha (Shivaperle) um den Hals zu legen.

Daniel Odier

---

1 Swami Satyananda Saraswati, Shree Maa: The life of a Saint. Devi Mandir Publications. Weitere Bücher auf ihrer Homepage: www.shreemaa.org

Krim : Kalis Bija

Einführung

Die Erwähnung von Kali ruft eine schattenhafte, in Geheimnis gehüllte Welt hervor, denn diese Göttin entstieg der ältesten Vergangenheit der Menschheit. Obgleich sie Jahrhunderte lang verehrt worden ist, bleiben die meisten Schätze ihrer Mythologie und Praktiken eigentlich immer noch in Sanskrit-Texten oder bei esoterischen Sekten verborgen. Doch Kali hat viele Geschenke für uns.

„Ich bin die Grosse Natur, Bewusstsein, Glückseligkeit, die Quintessenz," sagt Kali im Chudamani Tantra. Sie ist die kosmische Mutter, düster, wie der Sturm, nackt, ihr wildes Haar fällt bis zu den Knien. Kali hat sich vor einem reichhaltigen Hintergrund entwickelt, der der Anbetung der weiblichen Macht gewidmet war, die überall vor der Entstehung der Religionen verehrt wurde: Die Grosse Mutter. Die Kultur des Hindus-Tals, wo man im Keim alle grossen Ideen findet, die sich in der tantrischen Bewegung kristallisieren sollten, verehrte die grosse Göttin, von der noch kleine, etwa 4500 bis 5000 Jahre alte, gebrannte Tonfiguren vorhanden sind. Altsteinzeitliche Stätten stellen die Göttin in Form von dreieckigen Stelen oder gerundetem Gestein dar, einige von ihnen werden noch heute in Indien verehrt.

Kali entstand aus ländlichen, vorvedischen Traditionen unzivilisierten und schamanischen Ursprungs (noch früher als 1500 vor unserer Zeitrechnung), um dann langsam zur indischen Tradition überzuwechseln. Vielleicht war Kali die uralte Göttin, die von den Bewohnern der Kette des Vindhya-Gebirges verehrt wurde, welches in Indiens Mitte den Norden vom Süden trennt und von den Ariern erobert worden war.

So schreibt Sir John Woodroffe (Arthur Avalon) in seiner Girlande der Buchstaben: „Kali ist die Gottheit in jener

Hinsicht, in der sie alle Dinge in sich selbst zurücknimmt, die sie geschaffen hat. Kali wird so genannt, weil sie Kala (die Zeit) verschlingt und dann ihre eigene dunkle Gestaltlosigkeit wieder annimmt."[2] Nachfolgend zitiert er aus dem Mahanirvana Tantra:

> „Bei der Auflösung von Dingen ist es Kala (Zeit), der alles verschlingen wird, und aus diesem Grund wird er Mahakala genannt, und da Du Mahakala selbst verschlungen hast, bist es Du, die die Höchste Ur-Kalika genannt wird... Indem Du nach der Auflösung wieder Deine eigene Natur, dunkel und gestaltlos annimmst, bleibst Du allein als die Eine, Unaussprechliche und Unfassbare."[3]

Kali spricht zu uns über die dunkleren Aspekte der Natur und unserer eigenen menschlichen Natur. Dennoch spricht sie zu uns von Liebe, denn sie wurde zur Gemahlin Shivas und dergestalt von den Tantrikern des Kaulapfads angenommen. Kaula ist der Vamachara-Weg, oft Weg der Linken Hand genannt, aber Vama bedeutet auch „Frau", es wäre also in Übereinstimmung mit dem Kaulapfad richtiger, Vamachara mit „Der Weg der Shakti" zu übersetzen.

Im Reich des Tantra „ist das zentrale Thema die göttliche Energie und die kreative Kraft (Shakti), die durch den weiblichen Aspekt jedes dieser verschiedenen Götter repräsentiert wird. Als eine Devi oder Göttin personifiziert, wird sie als seine Frau, vor allem als Shivas Frau dargestellt."[4] Die tantrischen Texte sind üblicherweise in Form eines Dialoges zwischen Shiva und Shakti geschrieben. Kali bzw. Kalika ist eine von den vielen Formen der Shakti, deren Name und Form dem jeweils besonderen Aspekt des Gottes entsprechen, wie Kala und Kali, Bhairava und Bhairavi.

---

2 Sir John Woodroffe (Arthur Avalon), The Garland of Letters. Ganesh & Co 2013 (1922)

3 ibid

4 Ingrid Fischer Schreiber, Franz-Karl Erhard, Kurt Friedrichs, Lexikon der östlichen Weisheitslehren: Buddhismus – Hinduismus – Taoismus – Zen. O.W. Barth Verlag, München 1994

Die Welt der Kali ist riesig. Es wäre anmassend zu glauben, man könne sie umfassend beschreiben, aber ich wollte in einem einzigen Buch das Wesentliche der Mythologie, der Rituale und Praktiken zusammentragen, sowie die mystische Vorstellung, die damit verbunden ist. Etliche Texte sind hier zum ersten Mal in einer westlichen Sprache publiziert.

Kapitel 1 erforscht Kalis Entstehung und ihre Symbolik, was von Anfang an klarmachen wird, dass sie unsere Führerin in ein Gebiet des menschlichen psychophysischen Wesens ist, das in Religionen normalerweise verachtet bzw. verboten wird.

In Kapitel 2 werden der Kaulapfad und seine Verbreitung in Indien genauer beschrieben, sowohl mit kurzen Einblicken in das fruchtbare Feld der Kali-Mythologie als auch in einer Einführung in die sechsunddreissig Grundlagen der Wirklichkeit (Tattvas). Dieses Kapitel umfasst Übersetzungen der Kaula Upanishad und des Kulanarva Tantra, was deutlich macht, dass das Wertesystem der Kaulatradition sehr nonkonformistisch ist.

Kali jedoch ist immer noch imstande, mit uns zu sprechen, in erster Linie durch Praktiken, die wir innerhalb unseres eigenen Daseins beleben. Kapitel 3 stellt einleitende Praktiken vor, die wesentliche Vorbereitungen sind, um in Kalis tiefgreifende Rituale der Transformation vorzudringen.

Kapitel 4 enthält die erste Veröffentlichung einer deutschsprachigen Übersetzung des Nirrutara Tantras, der ältesten Darstellung des Kalirituals.

Das Kaliritual wird in Kapitel 5 detailliert vorgestellt, es kulminiert im Ritual der Heiligen Vereinigung.

Praktiken und Visualisierungen, dazu gemacht, den Aspiranten den Kaulapfad entlang zu führen, werden in Kapitel 6 gegeben, einschliesslich einer Fokussierung auf die acht

Chakras und die vierundsechzig Yoginis, die Herzenspraxis der Yoginis und das Verschlingen der inneren Dämonen.

Abgesehen davon, dass Kali die Entstehung von vielen tantrischen Schriften inspiriert hat, hat sie auch durch Hymnen und Gesänge, von denen einige in Kapitel 7 vorgestellt werden, Hingabe wachgerufen.

Die Zivilisation hat uns viele wunderbare Dinge gebracht, aber sie hat uns auch von unseren alten Wurzeln abgeschnitten, von unserer Verbindung mit der Natur, den Tieren, dem Kosmos. Mit den Religionen sind noch alle möglichen Arten von Begrenzungen und Regeln dazu gekommen, die unsere fundamentalen Verbindungen mit der Welt verdrängt haben. Wir wurden ängstlich, angepasst, moralisierend, haben Schuldgefühle, und wenn die Triebe manchmal in der Sexualität oder in Konfrontationen heftig zum Vorschein treten, jagen sie uns Entsetzen ein. Sie verblüffen und schockieren uns.

In diesem Sinne sind die Kalipraktiken für den heutigen Praktizierenden kostbar. Sie lassen uns alle vulkanischen Impulse wieder integrieren, die im Labyrinth der Imagination und der Träume durch uns hindurchgehen. Die Präsenz der Kali hat sich bereits vor den grossen religiösen Richtungen etabliert. Die Göttin hat die Kraft, uns wieder mit unseren Wurzeln zu verbinden, uns das gesamte menschliche Spektrum zurückzugeben, uns anzubieten, dass wir all unseren Reichtum annehmen, die ganze Geschichte der Menschheit, von ihren Anfängen bis zur höchsten Entwicklung.

1 Kalis Ursprünge und Symbolik

Kalis Geburt

Laut der Mythologie entsprang Kali dem dritten Auge der grossen Göttin Durga. Dieser gelang es nicht, den Dämonen, angeführt von Canda und Munda, die ein kosmischer Krieg zu ihren Gegnern machte, Herr zu werden. Sie konzentrierte sich, um eine Verkörperung der absoluten Gewalt zu erschaffen und schleuderte Kali auf das Schlachtfeld. Die Geschichte wird im vor etwa 2500 Jahren niedergeschriebenen Devi Mahatmya erzählt:

> „Die Dämonen sahen die Göttin, die leicht lächelnd auf dem goldenen Gipfel des höchsten Berges auf ihrem Löwen sass.
>
> Als sie Durga gesehen hatten, versuchten sie, sie zu entführen, während sich andere Dämonen ihr mit gezogenem Säbel und gespanntem Bogen näherten.
>
> Ambika stiess einen grauenerregenden Schrei in ihre Richtung aus, ihr Gesicht wurde schwarz vor Zorn.
>
> Aus ihren geflochtenen Augenbrauen, inmitten ihrer Stirn, entsprang Kali mit ihrem furchterregenden Gesicht mit Schwert und Schlinge.
>
> Sie hielt einen eigenartigen, mit einem Schädel und einer Schädelkette verzierten Stab.
>
> Sie war mit einem Tigerfell bekleidet und schien schauderhaft, nur Haut und Knochen.
>
> Ihr grauenhafter, klaffender Mund, ihre schlängelnde Zunge, ihre roten, hervorquellenden Augen und ihr Raum erfüllendes Gebrüll.
>
> Sie stürzte sich auf die Armee der Asuras, massakrierte sie sofort, um danach die Feinde der Götter zu verschlingen.
>
> Sie griff gleichzeitig die Vor- und die Nachhut an, packte die Elefanten mit ihren Glocken und Führern;

mit nur einer Hand schleuderte sie sie in ihren Mund hinein.

Auf dieselbe Weise warf sie Pferde, Reiter und Wagen zwischen ihre Lippen und zermalmte sie brutal mit ihren Zähnen.

Sie packte den einen bei den Haaren, den anderen bei der Kehle, sie griff den einen mit ihrem Fuss an und zerquetschte einen anderen gegen ihre Brust.

Sie packte mit ihrem Mund die von den Dämonen geschleuderten Waffen und Wurfgeschosse und brach sie mit ihren Zähnen in Stücke.

Sie zerstörte die bedeutende Armee der Dämonen, verschlang die einen, zermalmte die anderen.

Einige wurden von ihrem Schwert entzweigeschnitten, die anderen von ihrem mit einem Schädel geschmückten Stab zermalmt.

So wurden die Asuras von ihren Reisszähnen vernichtet.

Nachdem er die Zerstörung der Dämonen miterlebt hatte, stürzte sich Canda alsbald auf die furchtlose Kali.

Der grosse Asura ertränkte das Weib mit den drei Augen in einem furchtbaren Pfeilregen, und ebenso machte es Muna mit schneidenden Wurfscheiben, die zu Tausenden geschleudert wurden.

Der Strom der Wurfscheiben, die in ihren Mund hineinflogen, glich einer Vielzahl von Sonnen, die in das Zentrum einer schwarzen Wolke eindringen.

Dann stiess Kali - ihre scheusslichen Zähne glitzerten in ihrem entsetzlichen Mund - schreckliche Töne aus.

Auf ihrem Löwen sitzend, verfolgte die Göttin Canda, und als sie ihn bei den Haaren gepackt hatte, schnitt sie ihm mit ihrem Schwert den Kopf ab.

Beim Anblick des geköpften Canda stürzte Muna sich auf sie. Kali warf ihn zu Boden und haute ihn mit ihrem Schwert in Stücke.

Das, was von den Angreifern und der tapferen Armee übriggeblieben war, zerstreute sich, nachdem sie die Enthauptung von Muna und Candas Tod miterlebt hatten, in alle Richtungen, völlig verschreckt.

Während sie die Köpfe von Canda und Muna einsammelte, näherte sich Kali-Candika[5], ihre Worte von grausamen Lachern unterbrochen.

Ich mache dir die Köpfe der beiden in der Schlacht geopferten Tiere zum Geschenk. Jetzt kannst Du Sumbha und Nisumbha vernichten.[6]

Kali zerstörte die Dämonen, aber sie war derart ihrer Macht verfallen, dass sie nicht einhalten konnte und auch die Götter zu töten begann. Durga rief Shiva zur Hilfe, der sich zwischen die sterbenden Körper legte. Seine schönen Augen und sein erigiertes Lingam beruhigten Kali, sie liess sich auf ihn gleiten und entdeckte ihre Fähigkeit zur Ver-körperung der absoluten Liebe. Ihre Überraschung durch die Penetration war so gross, dass die Zunge ihr zwischen den Lippen hervorsprang und auf ihr Herz wies.

Seitdem wird Kali von den Tantrikern als Inkarnation der Macht und der absoluten Liebe verehrt.

Die symbolische Bedeutung des Körpers und der Attribute von Kali

Kali ist schwarz oder nachtblau. Alle Farben gehen im Dunklen auf. Sie vereinheitlicht die Dualität, alle Mani-festation verschwindet im Schwarzen. „Wie alle Farben im Schwarz verschwinden, verschwinden alle Namen und Formen in ihr", sagt das Mahanirvana Tantra. Sie ist die höchste Verschmelzung der Erscheinungen in der Wirklich-keit des Selbst. Sie transzendiert jede Form. Man verehrt sie während des Neumonds, rund um die Scheiterhaufen bei

5 Candika ist ein weiterer Name für die Große Göttin.
6 T. B. Coburn, Encountering the Goddess., Übers. des Devi Mahatmya, Shri Sat Guru Publication, New Delhi 1992

Bestattungen, oder auf den Verbrennungsstätten. Man verehrt sie am Dienstag um Mitternacht. Sie liebt einsame Orte, Scheidewege.

Ihre Verehrer sehen sie jedoch als leuchtend und als Inkarnation der absoluten Liebe. Ramakrishna bemerkt, dass „sie schwarz erscheint, weil sie aus der Ferne gesehen wird. Aber wenn man sie gut kennt, ist sie nicht mehr schwarz. Der Himmel erscheint blau, wenn man ihn aber von Nahem betrachtet, hat er keine Farbe mehr. Das Wasser im Ozean sieht von ferne blau aus, wenn Du aber hingehst und es mit der Hand schöpfst, ist es farblos."[7]

„Ich bin die Grosse Natur, Bewusstsein, Glückseligkeit, die Quintessenz," sagt Kali im Chudamani Tantra. Sie ist die kosmische Mutter, düster, wie der Sturm, nackt, das wilde Haar fällt bis zu den Knien. Kali ist die Grosse Göttin, sie erschafft den Kosmos, die Elemente und die Sprache mit den fünfzig Totenschädeln an ihrer Kette. Mal wird sie als strahlende Jugendliche dargestellt, mal unter ihrem grauenerregenden und abgezehrten Aspekt. Eine Mondsichel glänzt auf ihrer Stirn, kostbare Steine beleuchten ihren Körper. Ihre Yoni ist zur Welt hin geöffnet. Ihre Zunge kommt aus einem blutigen Mund hervor. Ihr Körper ist mit Blutflecken bespritzt. Jeder Aspekt ihrer Erscheinung in ihren verschiedenen Formen hat eine starke Bedeutung, die ihre Verehrer erzieht und erleuchtet.

Die Nacktheit: Kali ist in Raum gekleidet, sie ist Raum. Ihre Nacktheit symbolisiert, dass sie von den Kleidern der Illusion befreit ist. Sie ist die Natur. Namen- und formlos. Als erleuchtetes Bewusstsein ist sie die höchste Wahrheit.

Die drei Augen: Sie stellen Sonne, Mond und Feuer dar, die drei Zeiten, Vergangenheit, Gegenwart und Zukunft, die sie durch ihre absolute Präsenz aufhebt. Sie ist die Zerstörerin der Zeit.

---

7 The Gospel of Ramakrishna, Übers.: Swami Nikhilananda. Ramakrishna-Vivekananda Center, New York 1977

Die Brüste: Auf vielen Gemälden sind Kalis Brüste mit Diagrammen verziert, die den Kosmos repräsentieren, dieser ist mit ihrem Herzzentrum verbunden. Sie sind mit Blut bedeckt, mit Rot, der Farbe des leidenschaftlichen Elans der Kali. Die Brüste sind auch das Symbol der grosszügigen Mutter. Kalis Verehrer nennen sie „Ma", Mutter. In einer Episode der Mythologie, benutzt Shiva, als er von Durga zur Verstärkung gerufen wird, um Kali zu besänftigen, nicht die Kraft seines Lingams, sondern verwandelt er sich in ein Kind, um Kalis Beschützer- und Mutterinstinkt zu wecken. Dergestalt sehen sie ihre Verehrer, sie werden zu Shiva-Kindern, die an den Brüsten der Göttin das Leben, die Kühnheit, den Nonkonformismus aufnehmen.

Die geöffnete Yoni: Ihre Yoni betrachtet den Kosmos, in gewissen Visualisierungen wird die Klitoris zum Auge, das das Unendliche betrachtet, welches Himmel und Erde vereint. Aus der Yoni kommt das Lingam hervor, was bedeutet, dass Shivas Stärke, die Architektur der Welt, aus der absoluten weiblichen Macht hervorkommt. Die Macht der Shakti wird durch das Schluss -„i" der Göttin symbolisiert, sie überträgt es auf Shivas Namen, um ihm die Kraft zu verleihen. Ohne dieses „i" würde Shiva zu Shva werden, das bedeutet im Sanskrit ein der Kraft beraubter Körper. Ohne Shakti wäre Shiva energielos.

Im dritten Kapitel des Yoni Tantra sind die acht Göttinnen oder Mächte der Shakti auf der Yoni angebracht, und die Yoni wird als Wohnsitz der Göttin verehrt. Ihre Essenz wird von den Yogis absorbiert, Kali und Tara sind im Chakra der Yoni, Chinamasta befindet sich im Schamhaar, Baglamukhi und Matangi bilden die Lippen, Mahalakshmi, Shodasi und Bhuvaneshvari sind im Inneren der Yoni verborgen. „Das Gleiten des Lingams in die Yoni ist eine grosse Sadhana. Das Wichtigste bei der Rezitation der Mantras und der Sadhana ist der Strom von Sperma und weiblichem Orgasmus".[8] Die Yoni gilt als die Essenz des Kosmos. „Worin besteht eigentlich das Interesse, im Ganges

---

8 Mike Magee, The Yoni Tantra. Worldwide Tantra Project, vol. 2, Harrow 1995

zu baden und heilige Stätten aufzusuchen? Nichts kommt der Verehrung der Yoni gleich. (...) Die Sadhana der Yoni ist die grösste unter den Sadhanas."[9] In mehreren Tantras wird bestätigt, dass die Absorption der göttlichen Essenz von Krankheiten heilt. „ Die Frauen sind göttlich, die Frauen sind das Leben, die Frauen sind wahre Juwelen".[10] Das Yoni Tantra bringt die Sadhana von Kali in enge Beziehung mit der Verehrung der Yoni, diese befreit den Yogi von allen Energien des „Pashu", des nichtswürdigen Menschen und verwandelt ihn in einen „Vira" oder Helden.

Ihre vier Arme: Sie repräsentieren den Zyklus von Schöpfung und Zerstörung, den kosmischen Rhythmus, den Kreislauf von Leben und Tod in einer fortwährenden Bewegung. Wenn sie nicht den Dreizack trägt, bildet Kali die Mudra, die die Angst auslöscht und den Mut verleiht, dem Wirklichen zu begegnen.

Das Menstruationsblut: In der Kaulatradition ist die Frau die Göttin und das Menstruationsblut die Manifestation ihrer Macht. Kalis Blut (auf einigen Gemälden sieht man es von der Yoni herabfliessen) wird als göttlicher Nektar betrachtet. Es wird in den Ritualen verwendet, manchmal mit Sperma und Wein vermischt. Es gibt keinerlei Tabu, was die Frau, die ihre Regel hat, betrifft. Im Gegenteil, sie wird in Ehren gehalten, und die Yoginis vereinigen sich mit den Yogis bevorzugt während ihrer Menstruation, um ihnen Kraft zu übertragen. Wenn der Yogi ejakuliert, kniet er vor der Shakti nieder und nimmt die Sonne (das Blut) und den Mond (das Sperma) auf, um den Kosmos zu integrieren.

Das Köpfmesser oder Schwert: Kali schneidet den inneren mentalen Diskurs ab. Sie lässt den Körper eins mit der Gesamtheit sein, ohne dass die mentale Aktivität der Dualität Zutritt zu dieser Erfahrung schafft. Das Schwert erschließt die Stille, die Stille zur Freude.

---

9 ibid
10 ibid

Der Dreizack: Er symbolisiert, dass der Praktizierende, in einem einzigen Ast vereint, gleichzeitig das Göttliche, der Tempel und der Anbeter ist.

Der abgeschlagene Kopf: bedeutet die mentale Stille, die Verankerung im Selbst.

Die Schale: Sie nimmt den Fluss der mentalen Gebilde auf, die die Dualität erschaffen und erhalten.

Der Rock aus abgeschlagenen Armen: Die abgeschlagenen Arme stellen die Bindung an die Handlung, also ans Karma dar, das in seiner Unmittelbarkeit, in Zusammenhang mit dem Kosmos betrachtet wird. Jegliche Handlung hängt von der Gesamtheit der kosmischen Bewegungen ab. Es gibt keine langfristige Determiniertheit, aber eine unmittelbare Bindung, wo alles miteinander kommuniziert und jeden Menschen zu einer Handlung treibt, die nicht das Resultat der freien Wahl sein kann, denn alles ist durch den kosmischen Rhythmus bestimmt. Die Beobachtung, dass die freie Wahl fehlt, führt zur Freiheit, und der Yogi übt diese Freiheit jenseits von Rahmen und Grenze aus. Er ist Sahajiya, spontanes Wesen und agiert aus Bereitwilligkeit heraus. Im absoluten Sinn gibt es weder Gut noch Böse, alles gleicht sich im Unendlichen aus, kein Verdienst, kein Vergehen. Kein Fehler, keine ruhmreiche Tat. Es bleibt das kosmische Spiel, in dem wir nur Teilchen sind, tanzende und freie Elektronen.

Die abgeschnittenen Arme bedeuten auch, dass Kali die Arme der Männer ohne Bewusstsein abschneidet, die die Welt - und speziell die Frauen – berühren ohne körperliches Gewahrsein.

Die wilden Haare: Sie repräsentieren die Revolte gegen die gesellschaftliche Norm, die Freiheit, sie repräsentieren aber auch die Haare der Yogis, diese fangen mit den Haaren die Energie des Kosmos auf.

Die Schakale: Während Durga auf einem Löwen reitet - dem edlen Tier schlechthin - ist Kali die Gefährtin der

Schakale, deren düstere Silhouette sich mit der Nacht vermischt und oft durch die Feuer der Scheiterhaufen auf den Bestattungsstätten erhellt wird. Das symbolisiert Kalis Vorliebe für die vergessenen und verachteten Kreaturen. Krähen mag sie auch. Im sozialen Bereich nimmt Kali dieselbe Haltung ein, denn sie akzeptiert bei den Feiern zu ihrer Verehrung jeden Anbetenden, egal, was seine Kaste, seine Vergangenheit oder seine Kultur sei. Kali macht keinen Unterschied. Der Brahmane und der Paria werden von der Mutter auf dieselbe Weise angenommen. Sie lässt allen ihre Liebe zukommen. Ihr furchterregender Aspekt ist nur zur Ermutigung da, um die mentalen Begrenzungen zu überwinden, um sich vom Schönen und Hässlichen, vom Reinen und Unreinen, vom Würdigen und Unwürdigen frei zu machen.

Die Schlangen: Sie sind ebenfalls Gegenstand von Angst und Ablehnung. Kali lebt, wie übrigens auch Shiva und alle Asketen, in vollkommener Harmonie mit Schlangen zusammen, ob giftig oder nicht. Oft wird Shiva von einer Königskobra beschützt. Ich habe in Nordindien gesehen, wie Schlangen mit dem in den Boden gerammten Dreizack der Asketen spielten und sich zwischen den Zacken hindurch schlängelten. Die Schlange ist auch die Verbindung zwischen Himmel und Erde, dem ersten und dem letzten Tattva. Die Wellenbewegung ihres Körpers spielt auf das Fehlen von Dogma, Glaubenssätzen und Sicherheiten an, was dem Yogi die Subtilität, Anmut, und die Kraft verleiht, sich von einem begrenzten Körper zu befreien, so wie die Schlange ihre alte Haut abwirft.

Die Schlange symbolisiert auch die Ewigkeit. Im Tandava-Tanz wird die Wirbelsäule als Schlange betrachtet. Der Schlangenkopf bedeutet das Kreuzbein, ihr Schwanz endet im Hinterkopf. Die Schlange stellt gleichfalls die Kundalini dar, die nicht nur eine Energie ist, sondern ebenso eine Göttin, die aus der kaschmirischen Sichtweise, wo alles auf das Herz gerichtet ist, im Herzen zusammengerollt ist, anstatt im Wurzelchakra. Sie ist nicht Gegenstand einer

Praxis, sondern einer Gnade: „Diese höchste und subtile Energie wird als alle Praxis transzendierend erklärt. Wenn sie sich im Bindu des Herzens sammelt, ist sie eingerollt wie eine Schlange im Tiefschlaf. Und dort im Herzen verweilt sie schlummernd und denkt an nichts. O Uma, diese Göttin umschliesst in ihrer Brust ebenfalls den Mond, das Feuer, die Sonne, die Gestirne und die vierzehn Welten, doch sie ist unbewusst, man könnte meinen, ein Gift habe sie betäubt."[11]

Die Verbrennungsstätte: Das ist der Ort, wo die fünf Elemente zerstört werden, das Ego, die Differenzierung. Der Ort der Rückkehr vom Vielfältigen zum Einen, zur Asche, zur Erde, zum Himmel, zum Raum. Das ist das Ende der Konzepte, der Wahrheiten, der Dogmen. Das Ende der emotionalen Begrenzungen. Eben dort lösen sich die fünf Panzerungen auf.

Tandava: Der Tanz der Schöpfung und der Auflösung. Der Tanz, in dem die Shakti Shiva besiegt, die Macht des Weiblichen wiederherstellt, ihren Rhythmus durchsetzt und uns unsererseits einlädt, in einem unendlichen Kreislauf zu erschaffen und zu zerstören. Kali drückt durch Tandava die Kreativität des Chaos aus.

Jedes wörtliche und metaphorische Bild von Kali ist also mit spiritueller Bedeutung aufgeladen. Die Meditation auf die Symbole der Göttin hat die Kraft, ihre Anbeter zu verwandeln.

11 Lilian Silburn, Siva sutra et Vimarsini de Ksemaraja. Institut de civilisation indienne, Paris 1980

2 Die Kaulatradition

Ursprünglich aus Assam stammend, hat sich die Kaulatradition seit dem vierten Jahrhundert in mehreren Wellen Richtung Kaschmir bewegt, also in der Zeit, in der man auch die ersten schriftlichen Spuren des Vijnanabhairava Tantra findet, ein Schlüsseltext des Shivaismus aus Kaschmir.[12] Kaula bezieht sich auf Shiva/Shakti. Aus ihrer Vereinigung entsteht der Kaulapfad. Das ist die Erkenntnis, dass die Vereinigung von Bhairava und Bhairavi das höchste Bewusstsein, das Herz ist. Kaula heisst auch „Familie" oder „Gruppe" der Praktizierenden.

Wahrscheinlich nannten sich die ersten beiden Meister aus Assam, die diese Tradition in Kaschmir gelehrt hatten, Ishvarashiva und Shankararasi. Der Kaulapfad wurde auf meisterhafte Weise vom Mahasiddha Matsyendranath dargelegt. Kali wurde bald zur Schöpferin, zu derjenigen, durch die alles begonnen hat.

Die Entstehung des Kaulapfads

Die legendäre Entstehung des Kaulapfads wird Matsyendranath zugeschrieben, der ihn direkt von Shiva erhalten hat. Die Geschichte erzählt, dass Matsyendranath sich in einen Fisch verwandelte, um die geheime Unterweisung zu hören, die Shiva Parvati am Ufer des Ozeans erteilte, von daher sein Name: Matsyendra bedeutet Fisch und Nath, Herr. Er näherte sich dem Paar und war in der Lage, die gesamte Lehre des Kaulapfads aufzunehmen, die er dann in Kaschmir und entlang des ganzen tantrischen Weges weitergab, dieser führte von Assam an Nepal vorbei nach Kaschmir. Die Kaulatradition spielte dann eine zentrale Rolle im kaschmirischen Shivaismus und bei den Kali-

---

12 Daniel Odier, Tantra Yoga. Vijnana Bhairava Tantra - der Weg zur höchsten Erkenntnis. Theseus Verlag, Hamburg 2017

praktiken. Matsyendranath starb in Nepal, im Tal von Kathmandu, wo man noch heute seiner feierlich gedenkt.

Seine ursprüngliche Reise nach Kaschmir nahm mehrere Jahre in Anspruch und gab Gelegenheit, den Kaulapfad über die ganze Strecke zu verbreiten; denselben Weg benutzten die kaschmirischen Meister, um in Assam zu unterweisen. Sie begaben sich auf eine Pilgerreise nach Kamakya, wo sich der Tempel der Yoni der Göttin befindet. Die Yoni der Göttin fiel dort, in der Nähe des Brahmaputra herab, nachdem Vishnu ihren Leichnam zerstückelt hatte. Er tat dies, um die Götter vom entsetzlichem Gebrüll des trauernden Shiva zu befreien, der nach dem Tod der Shakti ihren Körper durch den unendlichen Raum getragen hatte. Der in fünfzig Stücke geschnittene Körper fiel auf indisches Gebiet, und auf jedem der Teile entstand eine heilige Stätte (Pitha). Fünfzig Teile, fünfzig Silben, die ganze Sprache. Darum werden im Weiheritual des Körpers, der dem sexuellen Ritual der Grossen Vereinigung vorausgeht, diese heiligen Stätten mit einer rituellen Berührung auf den Körper des Eingeweihten gekennzeichnet.

In der Tradition existiert noch eine andere Version der Geschichte. Sie bezieht sich auf den Weisen Vashishtha, der, nachdem er während vieler Jahre strenge Yoga-Askese praktiziert hatte, noch immer nicht die Siddhis bzw. Kräfte erlangt hatte. Eines Nachts hatte er einen Traum, der ihm befahl, den Brahmaputra bis zur Quelle hinaufzugehen und ihm ankündigte, er würde dort ein von den Weisen bewohntes Königreich finden und die höchste Unterweisung erhalten. Er machte sich auf den Weg, stieg den Fluss hinauf, durchquerte Mahacina, das grosse China (vielleicht Tibet) und entdeckte schliesslich das Königreich der Weisen. Zu seinem grossen Erstaunen sah er, dass die Meister - unter ihnen war Vishnu in einer Inkarnation des Buddha, die dem historischen Buddha vorausging - sich vergnügten und in vollen Zügen die Freuden des Lebens genossen: Musik und Tanz, Nacktheit, Wein, Genuss der Sinne, Poesie und göttliche Orgien.

Vashishtha erhielt die Lehren des Kaulapfads, diese Lehren fegten seine Vorurteile hinweg und befreiten ihn von einer langjährigen Kontrolle der Sinne, die er sich ganz umsonst auferlegt hatte. Er erhielt die Rituale, die Praktiken, die Sicht der Welt und die Anweisung zur Anwendung der fünf „M": madya (Wein), mamsa (Fleisch), matsya (Fisch), mudra (geröstetes Getreide) und maithuna (sexuelle Vereinigung). Als er diesen Unterweisungen folgte, gelangte Vashishtha schnell zur höchsten Verwirklichung. Er stieg wieder nach Kamakya hinunter und begann, den Kaulapfad zu unterweisen. Diese Lehre lässt sich in grossen Zügen folgendermassen umreissen:

- Absolute Freiheit, was Regeln und Rituale betrifft.
- Alle Praktiken, rituelles Bad, Mantra, Wiederholung, Zeremonien geschehen mental.
- Keine Regeln, was günstige oder ungünstige Zeitpunkte betrifft. Jeder Zeitpunkt ist ideal.
- Nichts ist rein oder unrein.
- Keine Verbote von Nahrungsmitteln.
- Die Frau muss als Inkarnation der Göttin verehrt und respektiert werden.

Um sich nicht in der Chronologie oder dem Erscheinen von Personen zu verlieren, wie in der Geschichte von Vashishtha, der einem Buddha begegnet, ist es wichtig zu verstehen, dass Indien - und die Tantriker noch mehr - einen anderen Zeitbegriff haben als wir. Das sieht man zum Beispiel bei der Nachfolge von Matsyendranath und seinem Schüler Gorakshanath, die zeitlich wahrscheinlich mindestens ein gutes, vielleicht sogar zwei Jahrhunderte voneinander getrennt sind. Das, was einem Westler seltsam vorkommen mag, stellt für einen Tantriker überhaupt kein Problem dar, verschlingt Kali doch die Zeit!

Nachdem die Lehren über Jahrhunderte in Kaschmir entwickelt worden waren, verlieh ihnen der als einer der grössten Philosophen Südasiens weit anerkannte Abhinavagupta (ca. 950 -1020), deutlich Ausdruck. Er wurde im

Kaschmirtal in eine brahmanische Familie von Gelehrten und Mystikern hineingeboren. Als Musiker, Dichter, Dramatiker und Theologe hatte er einen tiefgehenden Einfluss auf die indische Kultur. Nachdem Abhinavagupta die Einweihung seines Meisters Sambhunatha in den Kaulapfad erhalten hatte, gelangte er zur Erleuchtung. In seinem langen Leben vollendete er mehr als fünfunddreissig Werke, von denen das Tantraloka, eine enzyklopädische Abhandlung aller philosophischen und praktischen Aspekte der Kaulatradition, das umfassendste und berühmteste ist. Abhinavagupta beginnt dieses Werk mit einer Huldigung an Matsyendranath.

Kaulatexte

Die Existenz der mündlichen Tradition macht es äusserst schwierig, die Abfassung der Tantras zu datieren, ja, sie macht jede Datierung tatsächlich unmöglich, die späten Tantras ausgenommen. Ein Text, der als die erste Ausgabe eines Tantras gilt, kann also aus einer Quelle stammen, die einige Jahrhunderte älter ist. Westliche Forscher treiben die ältesten Texte auf. Die Yogis verwenden die mündliche Überlieferung, von Mund zu Mund, wie in den Tantras geschrieben steht. Diese Überlieferung gilt als wesentlich zuverlässiger, da sie sich im strengen Rahmen der Initiation abspielt. Die Gelehrten hingegen fügen zur Niederschrift bzw. zur Übersetzung der Texte gerne ihren eigenen Beitrag hinzu, was die Texte weniger zuverlässig macht.

Kaula Upanishad

Die Kaula Upanishad, ein kurzer Text, gibt eine komprimierte Fassung der Kaulavision. Sie wird später ins Unendliche entwickelt werden, als sie nach Kaschmir weitergeht und auf die kosmische Vision von Abhinavagupta, seinen Meistern und Schülern trifft.

Die fünf Objekte der Sinne sind der Kosmos in Ausdehnung.

Das nicht gespaltene Absolute ist der Schöpfer.

Das Nichtwissen ist identisch mit dem Wissen.

Ishvara, der Herr, ist der Kosmos.

Das Ewige ist identisch mit dem Vorläufigen.

Die Absenz von Dharma ist das Dharma.

Die fünf Bindungen bilden die Essenz der wahren Erkenntnis.

Von allen Sinnen ist das Auge der Anführer!

Kehre dein Verhalten um, was die Normen betrifft, aber bleibe im Bewusstsein.

Die Befreiung findet sich nicht im Wissen.

Mache keine Unterscheidungen.

Sprich über diese Dinge nicht mit den Pashus (Borniertem).

Gib den Stolz auf.

Der Guru ist die Einheit.

Verurteile die anderen Praktiken nicht.

Mache keinerlei Gelöbnis.

Erlege Dir keinerlei Beschränkung auf.

Sich beschränken führt nicht zur Freiheit.

Praktiziere innerlich.

Dieses ist die Befreiung.

Auf dass der Kaulaweg triumphiere!

Das Kularnava Tantra

Um das Jahr Tausend komponiert, liefert das Kularnava Tantra die vollständigste Definition dieser für das Verständnis der Kaulatradition zentralen Betrachtungsweise. Das ist der Königliche Weg der Shakti, die Aufhebung der Dichotomie zwischen Askese und Vergnügen, der Weg des Vira oder tantrischen Helden.

„Es gibt keine Lehre oder Weg, der sich mit der Sonne des Kaula vergleichen liesse", sagt das Kulanarva Tantra. „Aber dieser nicht-duale Weg ist tapferen Anwärtern vorbehalten: Ihr könnt auf einer scharfen Schwertklinge laufen, einen Tiger beim Hals packen, eine Schlange auf dem Körper tragen, aber dem Kaulapfad zu folgen ist viel schwieriger."[13]

Im Kularnava Tantra sind die Werte umgekehrt. Das, was von der äusseren Welt verworfen wird, wird vom Kaula aufgewertet. Es gibt weder Verdienst, noch Vergehen, weder Gut noch Böse, weder Paradies noch Hölle. Dieser Zugang wird dem Vira (Held) dazu dienen, sich von den Begrenzungen des dualistischen Denkens zu befreien. Derjenige, der sich dieser Sadhana hingibt, wird zu Bhairava/Bhairavi (Shiva/Shakti), unter der Voraussetzung, dass er von Zweifel, Angst und Dualität befreit ist.

Das Kulanarva Tantra spricht von drei Arten der Einweihung: Durch die Berührung, durch die Stimme, durch den Geist. Alle drei haben weder eine definierte Form, noch ein Ritual. Der Schüler empfängt die Gnade durch die Einwirkung der Shakti.

Der Aspirant muss „reinen Herzens, höchst freudig" sein; frei von Zorn und mentalem Schwanken verwirft er das niedere Ritual. Er ist warmherzig und verehrt die Linie der Meister. Er ist grosszügig und voller Hingabe. Er stützt sich auf die Brüderlichkeit der Gurus. Er praktiziert die formlose Meditation, das Samadhi.

Ein Yogi fühlt sich, gleich an welchem Ort, gleich unter welchen Umständen, wohl. Der Yogi spielt wie ein Kind, er muss keinerlei Bild verteidigen und nichts rechtfertigen. Vom Urteil der anderen ist er frei.

---

13 Arthur Avalon, Kularnava Tantra, Motilal Banarsidass Publishers, Delhi 1965

Der Körper selbst ist der Tempel in der Kaulatradition. Er enthält die sechsunddreissig Tattvas bzw. sechsunddreissig Kategorien, die von den fünf Grundelementen bis hin zum Absoluten jenseits von Shiva/Shakti gehen. Es ist also nicht nötig, den Körper zu verleugnen oder aufzugeben, um die Vereinigung mit dem Göttlichen zu kennen, sondern man muss ihn, im Gegenteil, geschmeidig machen, ihn der Erde, dem Wasser, dem Feuer, der Luft und dem Äther gleichzumachen. Die Praxis erweckt den Körper und bringt ihn zum Vibrieren (Spanda), er wird sich bewusst, dass er der Kosmos ist.[14]

Es ist wesentlich, zu verstehen, dass das Absolute, das letzte Tattva oder das Göttliche, in jedem Tattva enthalten ist, und dass sogar die Urelemente, die Erde, das Wasser, das Feuer, die Luft und der Äther davon durchtränkt sind. Es gibt also kein Fortschreiten, es sei denn, es geschieht im Bewusstsein, dass alle Manifestation göttlich ist.

---

14 Für eine detaillierte Beschreibung der Tattvas s. Lalita Devis Unterweisungen in meinem Buch: Tantra - Eintauchen in die absolute Liebe. Aquamarin Verlag, Grafing 2012

Die 36 Tattvas

5 Elemente	Erde	Wasser	Feuer	Luft	Äther
5 Sinneseindrücke	Geruch	Geschmack	Sehen	Berührung	Klang
5 Sinnesorgane	Nase	Zunge	Auge	Haut	Ohr
5 Organe der Handlung	Ausscheidung	Schöpfung	Bewegung/Fuss	Greifen/Hand	Wort/Mund
5 Aspekte des empirischen Individuums	Natur	Verstand	Ego	Intellekt	Geist
5 Beschränkungen von Maya	Raum	Zeit	Anhaften	Wissen	Kreativität
5 Wahrheiten	Illusion der Individualität	Subjektivität, die mit der Macht der Handlung ausgestattet ist	Bewusstwerden seiner eigenen Natur	Shiva	Shakti
36	Jenseits von Shiva/Shakti				

Kali und Shiva

Kali (Shakti) und Shiva sind im selben Körper und Wissen vereint, aber wenn sie sich trennen, erfahren sie die Leidenschaften, und Kali fordert Shiva im ekstatischen Tandava-Tanz heraus. Sie siegt und lässt Shiva erschöpft zurück. Ihre Sexualität ist auch der Ausdruck eines Kampfs, in dem Kali immer die beherrschende Stellung einnimmt (Viparita-Rata). Shiva lässt Kali bis zur Ekstase auf seinem Lingam herumwirbeln. Ihre Trennung in zwei unterschiedene Körper führt auch zur Entstehung der vierundsechzig Tantras durch Shiva/Shaktis Dialoge, das ist die übliche Form dieser Texte, die einen werden von der Shakti gelehrt, die anderen von Shiva.

Die kaschmirische Vision des Yoga, des Tandava und der Kalipraktiken

Will man Abhinavaguptas Interesse für Kali, über die er viel geschrieben hat, wirklich verstehen, muss man begreifen, dass Yoga aus kaschmirischer Sicht überhaupt nicht das ist, was normalerweise im Westen und in Indien gelehrt wird. Yoga ist eine Bewegung des Menschen hin zur Wiedererkenntnis des Selbst, eine mystische Verwirklichung, die ohne all das auskommt, was unter „Yoga" verstanden wird. In ihrer Einführung zu Abhinavaguptas Text über die zwölf Kalis schreibt Lilian Silburn es ganz deutlich:

> „Der Weg der Energie ist von Anfang bis Ende mystisch und hat von daher nichts mit den Mitteln der Befreiung zu tun, die Philosophen und Asketen in Indien predigen: Stadien (Glieder) des Yoga, Mässigung, Disziplinen, Stellungen, diese Entfaltung im Äusseren, die nur an Atem, Körper und Denken interessiert ist und nicht unmittelbar die Wirklichkeit betrifft, kann nicht zur Bewusstwerdung dieser Wirklichkeit führen. (...) Wir werden sehen, dass die

Kalipraxis auf die spontane Verehrung, Höchstes Herz genannt, gerichtet ist: reiner und vibrierender Akt (Spanda), unbestimmbar, weil alles fliesst, ohne den Körper oder die Achtsamkeit, den Atem oder die Sprache vorzubereiten. Es genügt also, unbeweglich in der Wirklichkeit zu verweilen, ohne sich um Einschränkungen zu kümmern, die Reinheit, Unreinheit sowie alle anderen Begrenzungen betreffen. Diese sind nämlich nicht mehr gültig, sobald es darum geht, in das höchste Bewusstsein einzudringen."[15]

Auch das Kularnava Tantra beharrt auf der Tatsache, dass die üblicherweise mit Yoga assoziierten Praktiken wie Asanas, Pranayama und Askese nicht zur tantrischen Praxis gehören. Die einzige physische Übung, die in Übereinstimmung mit dem Vijnanabhairava Tantra, den alten Texten und der Ikonographie praktiziert wird, besteht im langsamen Tanz des Tandava, gefolgt vom plötzlichen Innehalten in der Bewegung. Um die Interpretationen diverser Übersetzungen zu umgehen - meine eingeschlossen - ist nichts besser, als zu den Sanskritworten zurückzukehren, wie sie der von der Bihar School of Yoga edierte Text anempfiehlt.

Der 83. Vers des Vijnanabhairava:

„Langsam, so stehend, den Körper drehen, als Ergebnis der Bewegung, in der Ruhe, im Geist, oh Göttin, das Göttliche, Strom, vollendet sich."

Und der Vers 111:

„Den Körper im Kreise drehend, und plötzlich, auf den Boden fallend, Ende der Energie, die Verwirrung schafft, erscheint dann die höchste Energie."[16]

---

15 Lilian Silburn, Hymnes aux Kali, la roue des énergies divines. Institut des civilisations Indiennes, Paris 1975. Diffusion De Boccard. Lilian Silburn bezieht hier sich auf die ersten sechs von den acht Stadien des Yoga gemäss Patanjali: Yama, Niyama, Asana, Pranayama, Pratyahara, Dharana.
16 Swami Satyananda Saraswati, Sri Vijnana Bhairava Tantra: The Ascent. Yoga Publications Trust, Munger, Bihar 2003

In seinem Kommentar macht der Autor ganz deutlich, dass es sich um Tandava handelt:

> „Diese Methode wurde von Mystikern der Sufi-Tradition angewendet, um hohe Zustände von Ekstase und Trance zu erreichen und um zur Einheit mit dem Göttlichen zu gelangen. Shivas Zerstörungstanz, Tandav nritya, wobei Shiva sich ohne Unterlass im Kreis drehte, bis dass sich das ganze Universum von diesem Tanz in Vibration versetzen liess, ist eine anschauliche Illustration dieses Dharana."

Die meisten westlichen Kommentatoren, abgesehen von Attilia Sironi mit seiner grossartigen italienischen Übersetzung, kennen diese Bezugnahme auf den Tandava-Tanz nicht. Sironi übersetzt:

> „Wenn Du Deinen Körper sich langsam im Tanz bewegen lässt, kann es geschehen, oh Göttin, dass die Natur des Geistes sich beruhigt, und eben dann wird man vom Göttlichen überflutet".

Und:

> „Dank eines plötzlichen Sturzes auf den Boden, nachdem man sich lange um sich selbst gedreht hat und die Macht der Verwirrung einmal aufgehört hat, realisiert sich der höchste Zustand."[17]

Im kaschmirischen Yoga existiert der Begriff der Leere nicht, sondern vielmehr der des Raums, denn um diese Wirklichkeit zu erfassen, von der Abhinavagupta spricht, ist es wichtig, die Welt als eine Wirklichkeit zu verstehen. Die Vorstellung der Illusion, die von Indien und dem Buddhismus in einer heftigen Verneinung des Wirklichen getragen wird, klingt bei den kaschmirischen Meistern nicht an. Spricht man vom „Körper/Raum" oder vom „kosmischen Körper", ist es klar, dass der Raum die ganze fühlbare Wirklichkeit umfasst, dass er den Körper enthält,

---

17 Attilia Sironi, (Hrsg. und Übers.), Vijnanabhairava: La conoscenza del tremendo. Adelphi, Mailand 1989

der selbst wiederum den Kosmos enthält. Aber im Buddhismus und im Hinduismus gibt es eine sehr starke Logik. Wenn es darum geht, auf die Welt zu verzichten, dann kann man sie genauso gut als Illusion betrachten und den Körper entwerten, der als „Sack von Exkrementen" gesehen wird.

Wie Alain Daniélou es mit einer Prise Humor unterstreicht: „Für die Inder scheint es sehr schwer zu sein, ganz aus dem von ihnen übernommenen puritanischen Moralismus herauszukommen. Sie glauben wahrhaftig, dass man mit dieser Art von Beschränkung ein ideales Leben führen kann."[18] Das erklärt die oft unüberbrückbare Kluft zwischen Hinduismus und Tantrismus, über den man in Indien, wo die gleichen Geschichten über die Tantriker Runde machen wie über die Hexen im mittelalterlichen Europa, kaum zu sprechen wagt.

Wenn es sich hingegen darum handelt, völlig lebendig zu sein, dann lasst uns auf alles zugehen, was uns in Vibration versetzt. Lasst uns nichts verweigern, uns keinen strengen Übungen, die uns austrocknen, unterziehen, lass uns stattdessen die Wirklichkeit der Welt sehen. Dieser wichtige Unterschied erklärt, warum Abhinavagupta, der die grosse Vina spielte, eine so grosse Bewunderung für die Musik und die Künste hegte, die uns in Vibration versetzen und das Spanda offenbaren.

Diese Sicht auf die Wirklichkeit basiert auf der Sicherheit: Allein das existiert, was sich im Bewusstsein manifestiert. Die ganze Materie, angefangen von den Elementen bis zu Shiva/Shakti und das sechsunddreissigste Tattva, jenseits von Shiva/Shakti ist vom höchsten Bewusstsein durchtränkt. Es gibt also nichts Schändliches, Materielles, Subtiles, Göttliches. Keine Trennung mehr. Kali wird zur höchsten Energie von Shiva, das Rad der Energien kann sich manifestieren:

---

18 Alain Daniélou, Der Phallus. Metapher des Lebens – Quelle des Glücks – Symbole und Riten in Geschichte und Kunst. München 1998

„Ein Yogi, der dem Strahlenkranz seiner eigenen Kraft Aufmerksamkeit schenkt, jener Kraft, die die Aktivierung, die Stabilität und andere Funktionen der Sinnesorgane lenkt, muss seine eigene Essenz als diejenige des Herren begreifen, ebenso wie das, was Funktionen und Organe auf ihre jeweiligen Objekte richtet und anstachelt. Er wird also überall im Besitz der spontanen Freiheit seiner wirklichen Natur sein, die ihn diesen vibrierenden Akt erlangen lässt.“[19]

19 Lilian Silburn, a.a.O.

3 Die vorbereitenden Übungen der Kaulatradition

In der Kaulatradition ist die Position des Gurus höchst wichtig, und um diese Verbindung völlig auszukosten, muss man sich ihm nicht nur hingeben, sondern auch mit der ganzen Linie der Meister des Spanda- sowie des Pratyabhijnaweges kommunizieren, die gemäss Abhinavagupta und Lalita Devi vereint sind und als direkter Ausdruck des Kaula betrachtet werden. Der Yoga der Linie ist unerlässlich, damit der Praktizierende mit seinem Meister und der Tradition zugleich verbunden ist. Es gibt verschiedene Versionen dieses Yoga, wir geben hier die vollständigste wieder:

Der Yoga der Linie

Dieser Yoga der Linie muss mit Langsamkeit und grosser Konzentration durchgeführt werden. Er ist die wichtigste Etappe der tantrischen Sadhana. Er allein erlaubt die Vereinigung mit dem Meister und der Linie.

1. In einem Zustand intensiver Sammlung, stelle dir das Universum in seiner unendlichen Räumlichkeit vor und setze es mit deinem eigenen Bewusstsein gleich, indem du innerlich das Mantra AUM[20] rezitierst.

2. Dann stelle dir langsam vor, dass das Universum sich zusammenzieht und sich im Erdball auflöst, dann löst die Erde selbst sich in dem Ort auf, an dem du dich befindest.

3. Rezitiere noch einmal das Wurzel-Mantra (AUM) und nimm das Bild des Ortes, an dem du dich im Raum befindest, auf. Wenn du selber so in diesem Raum schwebst,

---

20 Alain Daniélou, Der Phallus, op. cit. Darin gibt der Autor die folgende Erklärung des Mantras AUM: „In der Monosilbe AUM, Pravana genannt, bedeutet der Buchstabe A das Shivalingam, das U das Gefäss oder die Yoni und das M die Vereinigung von Shiva und Göttin.

visualisiere deinen Meister[21] dir gegenüber, nahe genug, damit du das Erschauern der Shakti spüren kannst, die in ihm gegenwärtig ist und dich wie ein gut gestimmtes Instrument zum Vibrieren bringt.

4. In diesem Zustand des Erschauerns von einer sanften Intensität, wende dich an ihn:

„Oh Meister, der du am Ende der Linie der Yoginis und Yogis vom Kaula- sowie Spanda- und Pratyabhijna-Weg stehst" - letzterer ist das spontane Wiedererkennen des Selbst - „Du bist in diesem Augenblick mit der ganzen Wirkkraft derjenigen betraut, die das Geheimwissen und den Yoga des Geistes übertragen haben."

5. Wiederhole nun dreimal diese Anrufung und wenn du zum letzten Mal „Du bist in diesem Augenblick mit der ganzen Wirkkraft derjenigen betraut, die das Geheimwissen und den Yoga des Geistes übertragen haben," sehe plötzlich im Raum, der deinen Meister umgibt, alle Siddhas der Linie erscheinen, Yoginis und Yogis. Aus ihren diamantenen Körpern bündeln sich Lichtstrahlen in deinem Meister, dessen menschlicher Körper sich in einen Diamanten verwandelt. All seine menschlichen Schwächen verschwinden, dann wird er zu Shiva/Shakti in seiner androgynen Form.

6. Wenn dein Meister nur mehr eine diamantene, in Licht schwebende Form ist, lösen sich alle Siddhas der Linie in ihm auf und seine Leuchtkraft wird noch stärker.

7. In diesem Augenblick strahlt ein sehr intensiver diamantener Lichtpunkt von der Grösse eines Senfkorns aus dem Zentrum zwischen den Augenbrauen deines Meisters und trifft auf deines. Diese Lichtquelle dringt allmählich in deinen Körper ein, wie in eine Vase, deren Form hier aus Haut gebildet wird. Nach und nach werden deine Organe, deine Gefühle, deine Konzepte, deine Emotionen zu reiner Liebe verflüssigt und lösen das Mentale auf. Du bist nur

---

21 Der Einfachheit halber wird die Praxis hier mit einem männlichen Meister beschrieben, kann jedoch selbstverständlich so angepasst werden, dass sie sich auf eine Meisterin bezieht.

noch Erschauern und Licht. Dein Körper verliert alle Eigen-heit und wird diamanten wie der deines Meisters, dem du im nachtblauen Raum gegenübersitzt.

8. Dann erscheint im Zentrum der Kehle deines Meisters ein leuchtender, roter, sehr intensiver Punkt, dessen Strahlen auf deine Kehle treffen. Dieses rote Licht reinigt deine Stimme, die nichts mehr ist als „Spanda", Gesang des Erschauerns.

9. Schliesslich erscheint im Herzzentrum deines Meisters ein blauer Punkt, dessen Strahlen bis hin zu deinem eigenen Herzen vibrieren, dieses öffnet sich und nimmt Licht und Räumlichkeit auf, alles Egoverständnis ist vollkommen hingegeben.

10. Atme stark aus und stosse dabei jede Spur von Dun-kelheit, Schuldgefühl und Zweifel aus, die noch in dir fortbestehen könnte.

11. Dann, deiner Atmung bewusst, atmest du langsam in einem harmonischen Halbkreis aus, von deinem Herzen bis zum Herzen des Meisters. Dann atmest du in einem har-monischen Halbkreis vom Herzen des Meisters bis zu deinem eigenen Herzen ein und bildest damit einen voll-kommenen Kreis im Raum.

12. In diesem Augenblick hörst du, wie dein Meister zu dir sagt:

„(Dein Name") Edle Tochter (Sohn) der Pratyabhijna- und Spanda-Linien, realisiere durch diesen Yoga, dass wir im selben Wissen und im selben Körper vereint sind. Wenn sich dein diamantener Körper nähert und in meinem aufgeht, wenn meine Yoni (mein Lingam) aus Kristall dein diamantenes Lingam aufnimmt (deine diamantene Yoni durchdringt), und wenn ein leuchtender Strom der Wonne in einem langsamen, sinnlichen, unserem Atem, unseren höchsten Essenzen folgenden Kreis durch unsere Körper hindurchgeht, dann durchläuft die Substanz unserer subtilen, innig verbundenen Essenzen den Raum. Sie steigt aus deiner Yoni (Lingam) auf, erfreut Nabel und Herz, entzückt die Kehle, erfüllt den Mund mit einem paradiesischen Geschmack und tränkt mich mit deinen Lippen. Wenn sie durch meinen Körper in einer absteigenden Bewegung hindurchgeht, erreicht unsere Ambrosia den höchsten Zustand, und wenn sie dich von Neuem durchdringt, nährt sie sich immer noch.

Tausendmal geht dieser Strom durch uns hindurch, nach und nach lösen wir uns in dieser subtilen Wonne auf; Bhairava/Bhairavi bilden dabei nur noch eine unsichtbare, aber vibrierende Lichtflut, die im Raum aufsteigt und plötzlich die Gesamtheit der Welten füllt."

13. Wenn du mit deinem Meister den Zustand der Nicht-Dualität erlangt hast, bleibe so lang wie möglich in dem Zustand.

Wenn du aus diesem Zustand herauskommst, danke deinem Meister und der Linie für die Gnade, die sie dir gewährt haben (Shaktipata), das Herabsteigen der Shaktienergie, und meditiere nach eigenem Belieben.

Dieses ist die Geheimpraxis des Yogas der Linie, möge sie nur den edlen Töchtern und Söhnen der Kaula-, Pratyabhijna- und Spanda-Linien gegeben werden, die das Hindernis des Zweifels überwunden haben und sich mit Entschlossenheit auf den Weg der Höchsten Erkenntnis des Selbst im Erschauern gewagt haben.

Ehre den Yoginis und Yogis der Kaula-, Pratyabhijna- und Spanda-Linien, die diesen Yoga übertragen haben. Auf dass die Menschen die Identifikation mit den Meistern erlangen und mit dem wunderbaren Zustand von Bhairavi[22] in Berührung kommen.

---

22 Bhairava und Bhairavi sind der verborgene, nächtliche und geheimnisvolle Aspekt von Shiva und Shakti, die reines Bewusstsein repräsentieren. Sie werden zwischen 3:00 und 5:00 in der Nacht angerufen, das gibt die Stimmung dieses nächtlichen Zeitabschnitts vor.

Der Yoga der fünf Elemente

Der Yoga der fünf Elemente oder Tattvas ist der Beginn der Verwandlung des gewöhnlichen Körpers in den kosmischen Körper. Die Praxis verwandelt den Yogi in die fünf Elemente: Erde, Wasser, Feuer, Wind, Raum. Sie stabilisiert den Geist, zerstört die Gifte und den Egoismus und offenbart das Bewusstsein. Sie erlaubt, die Wirklichkeit zu erschliessen.

*** Erde

Der Yogi meditiert über seinen Körper als ein im nachtblauen Raum schwebendes Quadrat. Nach und nach verwandelt sich sein Körper in flüssiges Gold, er leuchtet im Raum und besiegt die Krankheit. Nach drei Jahren dieser Praxis wird sein Körper diamanten, er wird von der Kraft von neun Elefanten belebt und tritt ins Spanda (fortwährend Vibration) ein. Die Atmung stabilisiert sich im Herzen. Der Yogi muss sich als Shiva seiend betrachten, der im Herzen wohnt, den Körper mit seinem eigenen Strahlen erhellt und auf einem schwarzen Lotus sitzt. Er verbreitet seinen Glanz über die Welt und wird dem Tattva der Erde gleich.

*** Wasser

Der Yogi visualisiert sich im nachtblauen Raum schwebend. Sein Körper hat die Form eines Halbmondes, ein weisser Lotus befindet sich auf der Höhe seiner Kehle. Der Yogi stellt sich seinen Körper frisch wie einen Vollmond und im Wasser versunken vor. Er denkt: Es gibt nichts Anderes, weder in mir noch ausserhalb von mir. Sein Körper verflüssigt sich, sein Blick wird wie Wasser. Sein Körper erhebt sich über das Wasser. Er beherrscht die Krankheit, wird zu Wasser. Er ist vom Lotus der Kehle ausgehend mit Mondschimmer gefüllt. Er wird dem Tattva des Wassers gleich.

*** Feuer

Der Yogi betrachtet seinen Körper als ein Dreieck, das von einem Feuergürtel umgeben ist. Eine Feuersbrunst kommt aus dem Körper hervor und verbrennt alles, was sich aussen befindet. Die Krankheit verlässt ihn. Nach einer Zeit der Praxis kann er das, was er berührt in Brand setzen und zu Feuer werden. Er tritt in Vibration ein. Er ist der Geist des Feuers. Er betrachtet sich dann in seiner menschlichen Form. Er meditiert auf seinen Gaumen, der ein funkelndes, von Rauch umgebenes Feuer produziert, wie die Sonne im Rauch. So wird er zum Element des Feuers und beherrscht die Mantras. Er verbreitet sein Licht über die Welt und erfährt die Stille von Shiva.

*** Wind

Der Yogi erfährt sich als nachtblaue Kugel, in der sechs Tropfen von einem helleren Blau schweben. Die Tropfen vibrieren und erzeugen einen Klang. Er befreit sich von Krankheit. Er kann ohne Müdigkeit grosse Entfernungen zurücklegen und die Form des Windes annehmen. Er visualisiert seinen Körper als nachtblau. Er wird zum Tattva des Windes und visualisiert sich dabei als funkelnden Saphir. Er ist nicht mehr zu ergreifen.

*** Äther

Der Yogi beginnt, seinen Körper als nachtblau zu visualisieren, dieser hellt sich allmählich auf, bis er zu Äther wird. Der Yogi erfährt die Räumlichkeit. Schlangengift kann ihm nichts mehr anhaben. Er wird von der Krankheit befreit. Er wird zum Raum und kann durch die Elemente schlüpfen. Er wird unsichtbar und sieht die Erde als durchlöchert. Er kann in einer felsigen, dunklen Höhle zur Leere werden. Er visualisiert den Äther auf Höhe der Stirn. Er betrachtet sich als den von der Mondfinsternis verschlungenen Mond und wird Shiva, der Herr der Mantras.

Wir benötigen vorbereitende Praktiken, um uns an Kali zu gewöhnen, an ihre enthüllende Kraft, die unser Unbewusstes bis zur Quelle des Lebens durchwühlen wird. Kali bringt uns dazu, uns direkt mit dem Tod zu konfrontieren. Sie offenbart und erlaubt unsere Rohheit in einem rituellen Rahmen, was sich sehr beruhigend auf unsere Triebe auswirkt. Gerade mit dieser verdeckten Gewalt weiss man bei den meisten spirituellen Ansätzen nicht umzugehen. Hier gibt es einen direkten, extremen und heilsamen Zugang.

Die Tiefenentspannung des Leichnams

Die ersten Male ist davon abzuraten, diese Praxis alleine zu machen.

1. Ihr liegt bequem auf dem Boden, wenn möglich direkt auf der Erde, sei es im Wald oder an einem einsamen Ort und konzentriert euch auf den Atem, indem ihr die Tiefenmuskulatur des Bauches - knapp über dem Schambein - beim Einatmen ganz entspannt. Beim Ausatmen lasst sie wieder an ihren Platz zurückkehren. Lasst die Wirbelsäule an der Bewegung teilnehmen. Eine Atmung, die durch den ganzen Körper hindurchgeht und ihn wieder mit dem Kosmos verbindet.

2. Stellt Euch anschliessend vor, ihr seid tot, ein grosses Gefühl von Frieden dringt in Euch ein. Ihr werdet zur Natur zurückkehren. Eins mit der Gesamtheit sein. Nach und nach verwest euer Körper.

Die Fleischstücke, die Muskeln, die Organe lösen sich von den Knochen und fallen auf den Boden, dieser nimmt sie auf. In der Rückkehr zu den Elementen liegt eine wahre Lust, die man auskosten muss, denn die eigentliche Vorstellung des Todes entsetzt uns, während die Erfahrung als grosse Rückkehr zur Natur gelebt werden kann.

3. Die Erde absorbiert die Fleischstücke, die Knochen kommen zum Vorschein, von einem schönen Weiss. Unter der Auswirkung von Wind, Sonne und schlechter Witterung zersplittern sie und werden zu Puder, das sich mit der Erde mischen wird, bis ihr vollkommen in der Wonne der Rückkehr zur Einheit verschwunden seid.

4. Nachdem ihr diesen Zustand ziemlich lange ausgekostet habt, stellt euch vor, dass alle Zellen des Fleisches erneut zusammenkommen, belebt durch die Erde. Sie bilden Muskeln und Organe, die sich an das Skelett hängen, und dieses setzt sich wieder zusammen. In jener Rückkehr zum Leben gibt es jedoch einen Raum von Ruhe, der dem Körper vorher gefehlt hatte. Eine organische Freude, die gleichsam von ihren Erinnerungen reingewaschen ist, eine neue Frische, ein harmonisches und köstliches Funktionieren.

5. Beginnt, Beine und Arme, Kopf und Hüften, den Oberkörper vorsichtig zu bewegen, so, als ob ihr im Liegen Tandava tanzt.

6. Kommt in die Sitzposition zurück und meditiert einen Moment lang, um Euch an euren harmonischen Körper zu gewöhnen, der wieder mit der Natur, mit der er sich vermengt hat, verbunden ist. Es ist, als gäbe es keinen Unterschied mehr zwischen eurem Körper und der Umgebung. Ihr seid eins mit der Gesamtheit.

Die Obsidianhöhle der fünfzig Kalis

1. Stellt Euch vor, ihr sitzt in einer Obsidianhöhle von geringer Ausdehnung, als ob ihr in einem glänzend schwarzen Uterus wäret. Es gibt nicht den kleinsten Lichtstrahl. Die Temperatur ist angenehm. Im Gewahrsein und im Atem lasst ihr euren Körper mit der absoluten Dunkelheit kommunizieren, bis zu dem Moment, wo ihr Verschiebungen in eurer sensorischen Wahrnehmung feststellt. Die absolute Dunkelheit löscht die Grenzen der Sinne aus.

2. Nach einigen Stunden geschieht es oft, dass man den Geruch eines Tons riecht bzw. seinen Geschmack schmeckt, mit einer imaginären Wahrnehmung in Berührung kommt, seine Haut sieht etc.

3. Ihr seid nackt, die Sensibilität der Haut wird grösser, sie berührt den Obsidian, erfährt ihn.

4. Dann beginnt eine innere Bewegung im Felsen, als ob sich Körper befreien wollten. Nach und nach geben diese Körper Töne von sich, und in der Dunkelheit seht ihr die Köpfmesser der Kalis, die aus dem Obsidian herauskommen. Arme und Beine tauchen auf, die Zungen der Kalis zeigen sich durch den Felsen hindurch. Gesichter. Die Kalis tanzen, um sich zu befreien. Sie stossen ein immer kräftigeres Grunzen und Schreie aus.

5. Schliesslich lösen sie sich vom Obsidian, springen in der Höhle um euch herum und geben ein schauerliches Gebrüll von sich. Sie sind von kleinem Wuchs, etwa einen Meter gross, von den Köpfmessern gehen Blitze aus. Und obgleich ihr euch in der Dunkelheit befindet, seht ihr die glänzenden Zähne, die roten Zungen und die Augen der Kalis, blitzartig, wie kurze Halluzinationen, die keine Zeit lassen, Einzelheiten festzumachen.

6. Plötzlich kommen die Kalis zu einer beeindruckenden Stille. Keine Bewegung mehr. Das ist die Ruhe vor dem Sturm.

7. Alle Kalis stürzen sich auf euch und schneiden euch in Stücke, die den Boden übersäen.

8. Die Kalis schmeissen ihre Köpfmesser weg, sie kauern sich nieder und essen euren zerstückelten Körper. Ihr verschwindet.

9. Die Kalis verschwinden.

10. Die Höhle verschwindet.

11. Ihr seid nur mehr Raum.

In dieser bemerkenswerten Übung wird es keine Verwandlung der Gewalt geben, bevor man diese nicht voll ausgelebt hat. Sie wird den Praktizierenden von der schon immer angestauten Flut befreien, die eine wahre Plage ist und die menschlichen Beziehungen vergiftet. Hier ist keine Rede davon, dass man versucht, die Gewalt in ihr Gegenteil zu verkehren. Denn das würde einzig ein Problem - durch die unrealistische Phantasie, wir seien voller Liebe - verdecken. Es geht vielmehr darum, dass sich eine Dynamik voll zum Ausdruck bringen lässt, die Verbote nicht ausreichend unterdrücken können: unsere Gewalttätigkeit.

Das ist eine der Konstanten des tantrischen Denkens: Die Lösung eines Problems befindet sich im Problem selbst; sich ausserhalb des Problems zu projizieren hilft nicht, die Dinge zu regeln. Man muss hingegen den Mut haben, in das Herz des Schattens einzudringen und aufzuhören, ein Idealwesen zu projizieren, das alle Mühen der Welt hat, mit unserer krassen Wirklichkeit zu koexistieren. Um uns davon zu überzeugen, genügt es, dass wir uns der vielen Male bewusst sind, wo wir, um mit einem Konflikt fertig zu werden, schlicht und ergreifend in unserer Vorstellung dem Gegner den Tod gewünscht haben. Wären wir plötzlich von all unseren Toten umgeben, wäre die Anzahl der Leichen gross. Dennoch haben wir es nicht geschafft, unsere Rohheit auszurotten.

In der Chan-Tradition, dem chinesischen Zen, gab es einen Meister, der die erste Unterredung mit seinen potentiellen Schülern mit einer heftigen Ohrfeige begann. Ein Schüler fragte nach dem Grund für dieses Willkommen. Der Meister antwortete einfach:

„Du weisst jetzt, dass du ein gewalttätiger Mensch bist. Du hast instinktiv meinen Tod gewollt. Auf dieser Basis können wir gemeinsam arbeiten. Du hast deine Wirklichkeit gesehen!"

Die hier vorgestellte Visualisierung ist eine der schönsten Kalipraktiken, denn sie lässt die Spirale der Gewalt verstehen und ihre Befreiung in der absoluten Liebe.

Kali im finsteren Wald

1. Stellt Euch vor, Ihr seid Kali. Schön, jugendlich, übersprudelnd von ungezähmter Kraft. Die Haut schwarz oder nachtblau. Nackt, geschmeidig, Jägerin, alle Sinne in Alarmbereitschaft. Das Köpfmesser gezückt. Ihr seid wie eine Tigerin, die Nase im Wind, um die Präsenz eines potentiellen Opfers zu riechen.

2. Ihr schreitet in einem finsteren Wald vorwärts, mit leichtem, geschmeidigem Körper. Wenn ihr beginnt zu spüren, wie eure wilde Kraft aufsteigt, bringt ihr diese bis zur Weissglut, indem ihr euch, eine nach der anderen, an die Personen erinnert, die euch im Leben haben leiden lassen. Sie werden im Wald erscheinen. Die Grausamsten zuerst.

3. Sobald ihr ihre Gegenwart spürt, steigt Rohheit in euch auf, eure Lippen schürzen sich, eure Kraft wird grösser, ihr rennt zur Begegnung mit eurem ersten Opfer. Wenn es euch bemerkt, ist es von Panik erfasst. Ihr geniesst das einen Moment lang, bevor ihr es in Stücke haut. Jedes eurer Opfer verdient eine Spezialbehandlung. Manche werden einfach nur entzwei geschnitten, andere kleingehackt. Die Stücke fallen zu Boden. Ihr lauft darin herum und stürzt euch auf euer nächstes Opfer.

4. Je mehr Opfer vorbeiziehen, umso mehr explodiert eure Bestialität, ihr kontrolliert nichts mehr. Reiner Ausdruck der Gewalt!

Am Anfang werdet ihr ein bisschen Mühe haben, eure Energie explodieren zu lassen, aber nach und nach werdet ihr wie die mythologische Kali mitgerissen.

5. Es kommt ein Moment, wo ihr alle die getötet habt, die euch wehgetan haben, und ihr spürt, wie die Energie umschlägt.

In diesem Augenblick kommt ihr aus dem finsteren Wald heraus und entdeckt ein sehr schönes Tal. Es ist Nacht. Die Sterne und der Mond, die Himalayakette, ein sehr schöner See, dessen Ruhe euch anzieht. Ihr geht auf den See zu. Euer Körper beruhigt sich.

6. Ihr kommt in die Nähe des Sees, ihr geht in das frische Wasser hinein, alle Blutflecke sind abgewaschen. Die Sanftheit ergreift nach und nach Besitz von euch, ihr lasst euer Köpfmesser los und beginnt, die tiefe Entspannung eurer durch die vorherige Brutalität angestrengten Muskeln zu spüren.

7. Euer Körper wird so leicht, dass die Energie des Wassers ihn an die Oberfläche bringt. Ihr lasst euch treiben, Arme und Beine bilden ein Kreuz, ihr betrachtet die Mondsichel, die verschneiten Gipfel, die Sterne in einer tiefen Glückseligkeit. Eure Atmung wird langsam und fein. Ihr seid in Übereinstimmung mit Himmel und Erde, Wasser und Raum.

8. Plötzlich erscheinen zwischen den Sternen alle Teile der Körper, die ihr zerschnitten habt. Sie schweben einen Augenblick im nachtblauen Himmel, dann fallen sie plötzlich als Regen in den See. Sobald die Körperteile das Wasser berühren, werden sie leicht und leuchtend, sie schwimmen um euch herum wie Sternbilder.

9. Allmählich finden die Stücke wieder zusammen und die Körper bilden sich erneut. Ihr fühlt überhaupt keine Animosität, keine Anspannung mehr. Die Körper vereinen sich in derselben Haltung wie ihr, sie fassen sich bei den Händen und Füssen und bilden einen ersten Kreis um euch. Ein

Mandala mit euch als Mittelpunkt entsteht. Ihr begreift, dass die Menschen, die Euch haben leiden lassen, Opfer sind und über keine andere Sprache verfügten. Ihr versteht, dass alle Gewalt von Frustration herrührt. Ihr könnt niemandem mehr etwas verübeln.

10. Im Gegenteil, eine so grosse starke Liebe kreist zwischen euch und ihnen, dass Nabelschnüre aus eurem Bauchnabel hervorkommen und auf den Nabel jeder Person treffen, die sich im ersten Kreis befindet. Ihr nährt sie mit eurer Liebe und kehrt die Übertragung der Gewalt um. Es gibt nicht einmal ein Verzeihen, nur das Verständnis für die Kette der Gewalt, die ihr gerade gebrochen habt. Ihr seid zur Kali der unendlichen Liebe geworden.

11. Wenn ihr versteht, dass eure Angreifer Opfer sind, bildet sich ein zweiter Kreis, mit jenen, welche die wiederum haben leiden lassen, die euch die Gewalttätigkeit weitergegeben haben. Aus dem ersten Kreis nähren Nabelschnüre den zweiten Kreis.

12. Es bilden sich weitere Kreise. Ihr könnt so fünf Kreise zu einem grossartigen Mandala formen, das im nachtblauen Himmel schwebt.

Die Kette der Gewalt ist gebrochen.

Das ist eine extrem wirksame Praxis, sie rottet nach und nach unsere gewalttätigsten Instinkte aus.

4 Das Nirrutara Tantra

Die Schrift, die alle anderen überragt

Nach diesen vorbereitenden Praktiken kann der Aspirant unter der Führung eines Meisters das Ritual durchführen. Es gibt zahlreiche Versionen und Varianten in verschiedenen Tantras, aber diejenige, die im Nirrutara Tantra dargelegt wurde, ist sicherlich die älteste und tiefgehendste. Nirrutara bedeutet „der, der alle überragt". Dieser Sanskrittext ist zum ersten Mal in eine westliche Sprache übersetzt.[23]

Die Göttin sagte:

> "Oh Gott, oh Gott, grosser Gott! Du, der Du die Essenz der Schöpfung bist, der Erhaltung und der Auflösung der Welt.
>
> Was ist die Natur der Dakshina-Kali und was ist die Natur ihres Mantras?
>
> Oder noch dazu, mit welchem Kult soll man sie verehren und was ist das Ergebnis dieser Verehrung? Oder welcher Meister wird uns führen, oh Gott, und welche vorbereitende Disziplin muss man befolgen?
>
> Welche Anrufung der Göttin ist zu tun und welche Frucht könnte es einem bringen?
>
> Erkläre mir all das auf eingehende Weise, auf dass ich keine Fragen mehr habe.
>
> Der Herr Shiva antwortete:
>
> Die glückselige Dakshina, Herrin der drei Gunas (Eigenschaften) muss als Schoss verstanden werden.

---

23 Vor vielen Jahren hatte mir eine Spezialistin für Sanskrit, die an einigen Wochenendseminaren in Paris teilgenommen hatte, angeboten, das Nirrutara Tantra zu übersetzen, aber leider vergass sie, ihren Namen auf dem Manuskript zu hinterlassen. Ich hoffe, sie wird sich zu erkennen geben, um bei der der nächsten Auflage das Vergessen wiedergutzumachen. Ich danke ihr von ganzem Herzen für ihre bemerkenswerte Arbeit.

Alles, was existiert, belebt wie unbelebt, ist von der Natur des Schosses, oh Meisterin des Kula (Kula=Kaula).

Du, die Du das heilige Wissen überträgst, die Göttin wird als all das seiend, was ist, betrachtet, unter drei Aspekten: Sie beherrscht die Kunst, in Fülle den Klang HA auszusprechen, sie ist von subtiler Essenz, sie erscheint in Gestalt des Yonizentrums.

Und die Yoni ist Dakshina-Kali, die eigentliche Essenz von Shiva, Vishnu, Brahma.

Und im Dreieck halten sich die drei Götter, Shiva, Vishnu und Brahma auf.

Im Zentrum der Yoni, Oh Göttin, muss die Göttin Kalika wohnen, die Schöne des Maha-Kali in ihrer Form des Lichts, von strahlender Schönheit, sie, die alle Manifestation zur Welt bringt.

Aus diesem Licht entsteht das Universum, aufgrund der Trennung von Shiva und Shakti. Shiva und Shakti erscheinen auf zwei Arten, Göttin; sie sind bar jeder Merkmale, obgleich doch mit allen Merkmalen versehen.

Ohne Merkmale, ist sie eine Vielzahl an Lichtern, sie besitzt die Ewigkeit von Para-Brahman, Du, die dem höchsten Purusha gleich ist, die so strahlend glänzt, wie ein Saphir.

Und Dakshina-Kali, die Licht ist, kann sehr weit entfernt sein, wenn sie die Vielfalt manifestiert. Ist sie in liebender Vereinigung Viparita-Rata (in der oberen, aktiven Position), ist Kali ohne Attribute, wenn auch mit Attributen versehen.

Sie kann auch Du sein, die Du ohne Attribute bist, Aniruddha-Sarasvati. (die grenzenlose Sarasvati)

Und ist sie mit Merkmalen versehen, Tochter der Götter, dann nimmt sie die Form von Mahakala an.

Sobald sie die Gestalt einer Frau annimmt, ist die Welt erzeugt; die grosse Lakshmi, die Maya des Vishnu, belässt die ganze Welt in der Illusion.

Auf dem Yoniweg ist diese Göttin – sei sie mit Merkmalen versehen oder nicht – alles, was unbelebt oder belebt ist.

Diese Welt ist ein göttlicher Weg, sie wird benutzt als Weg zum Göttlichen.

Das ursprüngliche Prinzip, das aus Shiva und Shakti besteht, ist die Erstursache der Kenntnis der Prinzipien.

Am Ende zahlreicher Existenzen ist die Kenntnis der Shakti erzeugt.

Ohne Kenntnis der Shakti, Oh Göttin, kann die höchste Niederkunft nicht geschehen.

Die Shakti Dakshina-Kali ist die eigentliche Essenz von der Wissenschaft der Erfüllung.

Gemäss allen Überlieferungen der Erfüllung ist Dakshina Geist und Natur. Der eine wie die andere stehen in gegenseitiger Beziehung der Nicht-Trennung.

Wenn Shiva selber anerkannt ist, muss es auch die Shakti sein, da sie mit Shiva vereinigt ist.

Das Prinzip, das den vereinigten Shiva/Shakti entspricht, wird dank ihrer Vereinigung geltend gemacht.

Das dieser Vereinigung entsprechende Mantra muss ausgesprochen werden, indem man die Vereinigung der beiden beschwört. Das Mantra der beiden ist das Grosse Mantra, das Genuss und Befreiung der Welt gewährt.

Durch diesen Genuss erhält man die vierfache Erlösung, durch die Tatsache, der Welt anzugehören und so weiter.

Kali ist der sagenhafte Baum, der alle Wünsche erfüllt, sie ist Aniruddha-Sarasvati.

In der Reihe der Grossen Götter, Brahma, Vishnu, Shiva, der Höchste Herr, ist die Göttin Kali der einzige Grund der Freude und Befreiung der Welt, infolge ihrer Bedeutsamkeit kann man sie nicht zurückdrängen, sie, die eigentliche Essenz des Mantra und des Tantra.

Nun werde ich, Oh Herrscherin des Kula, zu Dir vom Menschengeschlecht und Dakshina-Kali sprechen. Der lebendig Befreite ist durch dieses einzige Wissen erzeugt. Von einer Meditationspraxis begleitet, Oh Göttin, vollkommen teilhaftig des Nada und Bindu, die in der Flut des linken Auges verbunden sind. Bei der Praxis des Pfades zur Linken Hand ist die Göttin - Bewusstsein in ihrer Essenz selbst - das Absolute und das Relative.

Sie ist einzige und höchste Gottheit, Herrscherin über das Mantra und die Wissenschaft der Erfüllung, Oh Herrin des Kula.

Sie ist mit drei Eigenschaften versehen, an der Nahtstelle der Illusion, an der Nahtstelle von Scham und schliesslich dem Höchsten.

Hat man erst einmal Dakshina-Kali den Platz im Herzen gegeben, muss man seinen Geist auf die sieben Urelemente (Bija) konzentrieren.

Da man sie innerlich zur Gemahlin von Agni hat weihen müssen, wurde sie zur Königin des Wissens ausgerufen.

Sie ist Herrin über alle Mantras, sie ist das Wissen, sie ist diejenige, die die Erschaffung und Vernichtung der Welt bewirkt. Ob sie nun eine Frau ist, dir gleich, oder ein Mann, mir gleich.

Also ist ihr Mantra wahrhaftig mit Aniruddha-Sarasvati identisch. Alle Götter, Brahma, Rudra und Vishnu, stehen ihr zu Diensten.

In den Veden, den Agamas und den Puranas wird Kalika wegen ihrer Schönheit verehrt. In Kamas (Gott der Liebe) Gebieten ist es Kalika, die alle Leidenschaften erfüllt.

Manche, die im Himmel, bei den Menschen oder in der Unterwelt Bhairavas (furchterregend) sind,

all jene sind Söhne von Kalika, sie werden hier unten befreit, zweifellos.

Aufgrund der Schwierigkeit des Weges, oh Königin der Götter, geschieht die Initiation nicht, indem man die Regel eines Meisters befolgt.

Ebenso muss man vor allem zum Zeitpunkt des Rituals denjenigen zurückweisen, dessen Bewusstsein nicht offen ist.

Auf diesem Weg wird Bhairava zum Rishi (Führer) ausgerufen, und die gesprochenen Worte sind im vedischen Metrum Ushnik.

Und die Gottheit ist Dakshina-Kali als Aniruddha-Sarasvati.

Und die Shakti bewahrt die Samensilben *HRIM*, *HUM* und *KRIM*, dessen genaue Bezeichnung das Siegel ist.

In den drei Bereichen auf der Suche nach dem Dharma, Kama (Lust) und Moksha (Befreiung) ist ihre Verwendung empfohlen.

Früher wurde die Vielzahl der Nyasas (Weihe der verschiedenen Körperteile durch Berührung) in den unterschiedlichen Tantras gelehrt, oh Parvati.

Der Vollzieher des Kultes, welcher aus diesen vielzähligen Nyasas besteht, muss mit Helden praktizieren.

Unter den fünfzig Grossen Stätten (Pithas), die auf dem Körper geweiht werden, muss der Platz der Yoni geehrt werden.

***

Man muss Kali kontemplieren, träge und mit von Milch geschwollenen und aufgerichteten Brüsten.

Sie besitzt die Herrlichkeit von Gewitterwolken, sie ist schwarz, hat vier Arme und stösst entsetzliche Schreie aus.

Ihre Lotushände schwingen auf der linken Seite ein Schwert nach oben und einen soeben abgeschlagenen Kopf nach unten.

Auf der rechten Seite machen ihre nach oben und nach unten gerichteten Hände die Geste, um die Angst zu vertreiben bzw. um Wünsche zu erfüllen. Sie ist mit dem Blut bestrichen, das von der Kette mit den abgeschnittenen Köpfen der fünfzig Buchstaben herunterfliesst.

Ihr Mund glänzt von dem Blutschwall, der sich von ihren Mundwinkeln ergiesst. Sie wird von Schakalen begleitet, deren schauerliche Schreie in den vier Himmelsrichtungen widerhallen.

Ihr Gürtel ist aus vielzähligen abgeschlagenen Armen gemacht, ihr Gesicht lächelt, sie ist nackt, in Raum gekleidet, sie trägt das Haar offen, ein Halbmond dient ihr als Diadem.

Sie steht auf dem Herzen des Mahadeva, der aussieht wie ein Leichnam.

Sie ist begierig darauf, sich mit Mahakala in beherrschender Stellung (Viparita-Rata) zu vereinigen.

Sie windet sich unter der Auswirkung des Rausches, der Lotus ihres Gesichts strahlt, sie lacht schallend und äusserst heftig, sie, die ohne Unterlass Freude hervorbringt.

***

Als solche muss man Kali achten, sie, die auf den Verbrennungsstätten umhergeht. Nachdem er sie so betrachtet hat, muss der Vira sie mit einem Nachtopfer im Kulatempel ehren.

Nachdem man gedanklich diese Huldigung erbracht hat, muss man Blumen pflücken.

Wenn die Huldigung nicht mental vollzogen wird, muss man sich auf das Feld der Ahnen begeben.

Der zutiefst Ruchlose darf Kali, der Zerstörerin der Unreinheiten, keineswegs opfern.

Man darf das Mantra nicht laut aussprechen, jedoch mit einem inneren Lächeln denken.

Und in diesem Fall wird keinerlei Opfer zu Kamakhya gebracht, Oh Herrin des Kula!

Nachdem man die Göttin innerlich mit Hingabe angebetet hat, muss man auch ein äusserliches Ritual durchführen.

***

Hat man die Reinigungsriten an sich selbst und den Kultgegenständen durchgeführt, muss man die Vasen aufstellen. Die Vasen für das Wasser etc.... müssen der Regel gemäss aufgestellt werden.

Wenn man das Thron/Pitharitual vollzieht, ehrt man damit die Gottheit. Man muss mit höchster Verehrung dank der von der Regel festgesetzten Riten seinen Geist festigen.

An seinem jeweils eigenen Platz steht das Wasser, um sich die Füsse zu waschen, das Wasser für die Reinigung und das Trinkwasser, das Wasser der rituellen Waschungen, die brahmanische Schnur und die Kleider zum Anlegen sowie sämtlicher Zierrat, dann duftende Blumen, der Weihrauch und die Öllampen, ebenso der Honig.

Erst dann, nachdem man das Mantra ausgesprochen hat, kann man die Gottheit zufriedenstellen, indem man ihr diese Gaben darbietet.

Anschliessend die Girlanden, die Salben, die fünf Blumen, die von Begrüssungen mit an der Stirn gefalteten Händen begleitet sind.

Die Göttin Lalita muss aufs Neue von Mahakala geehrt werden.

Versehen mit sechzehn dargebotenen Objekten, trägt dieses Ritual den Namen „acht". Es wird von den acht Shaktis ebenso sehr geschätzt wie von den Hütern der Welt.

Dieses Opfer, das schrittweise vom Pitharitual bis zum Mantra abläuft, wird als der höhere Weg gelehrt. Mit Ausnahme vom ganzen Thron/Pitharitual wird es im Geheimen ausgeübt.

***

Das zuerst durchgeführte Ritual muss das Ritual des Mantras sein, das tägliche Ritual muss als zweites ausgeübt werden.

Was die Blumenandacht betrifft, darf sie nur am Ende durchgeführt werden.

Nachdem man den Schleier weggenommen hat, muss man Ajna ehren.

Und auch Kamala (Lakshmi), indem man das Diadem über den Ohrringen anbringt.

Dann die Gruppe der fünf Meister, Oh Göttin, und schliesslich den dunkelfarbenen Mahakala, der seine dichten Haare zu einem Knoten verschlungen trägt. Oh, sehr Teure!

Er hat drei Augen, und mit dem Aussehen eines Leichnams vereinigt er sich mit seiner Shakti in Ekstase. Nackt, von grauenerregendem Anblick, funkelt er wie blaues Antimon.

Ohne Merkmale und als Sammelbecken aller Merkmale ist er der Ort, wo Kali ohne Unterlass weilt. Die mit Schädeln geschmückte Kali ist die Göttin, die auf dem zentralen Dreieck steht.

Die Göttinnen, die auf ihr materielles Bild beschränkt sind, befinden sich auf dem fünften Dreieck. Man muss sie in den acht Abschnitten des Raums mit Inbrunst preisen, hintereinander, im Osten beginnend.

Auch Brahmi und Narayani und Kaumari, Maheshvari, Aparajita und Chamunda, Varahi und Narasirnhika.[24]

An den vier Pforten muss man die Bhairavas ehren, Oh Göttin, und beginnt bei demjenigen, der den dunkelsten Körper hat: Asitanga, Ruru, Chanda und Krodha und ebenso Bhishana.

Und Unmatta, Kapali und Samharaka werden in dieser Reihenfolge angerufen. Hintereinander und im Osten beginnend, Oh Göttin, zwei und zwei an jeder Tür.

Die zehn Hüter der himmlischen Bereiche, bei Indra angefangen, müssen in den zehn Richtungen verehrt werden. Man muss dem Schwert und dem abgeschlagenen Kopf, die in den linken Händen gehalten werden, Huldigung erweisen, Schöne des Kula.

Ebenso muss man die Mudras, die von den rechten Händen ausgeführt werden, dafür ehren, dass sie Gaben gewähren und die Furcht lindern.

Und von Neuem muss man die Göttin ehren, die von ihren Waffen und ihrem Reittier begleitet wird.

Nachdem man im Geist Kulluka angerufen hat, muss man sie sich vergegenwärtigen wie eine Brücke bis hin zu ihrem Herzen.

Man muss sich eine grosse Brücke im Bereich der Kehle vorstellen, die am Bauchnabel ihren Anfang nimmt.

Aber diese Brücke ist das Pranava (AUM), oh Göttin, man muss es so ehren, als befände es sich im Herzen.

---

24 Wie man später in dem den acht roten Göttinnen von Matsyendranath gewidmeten Abschnitt sehen wird, variieren die Namen der Göttinnen von einem Tantra zum nächsten.

Man muss sich seinen eigenen Ursprung wie eine grosse Brücke im Bereich der Kehle vergegenwärtigen.

Die Matrikas[25] die in ihrem Bindu vereint sind, (die Buchstaben, die in ihrem Punkt vereint sind, die Mütter, die mit ihrer Mitte vereint sind) muss man auf Höhe des Bauchnabels visualisieren. Man muss sich Kalis Zauber unter der illusorischen Form einer jungen Frau vorstellen. Die Visualisierung endet, indem man den Ton PHAT erzeugt.

Das Mantra der fünf Phoneme von Kalika muss meditiert werden, um Kulluka zu beschwören. Kulluka ist die Göttin Maha-Nila-Sarasvati in Gestalt von Tara.

Und Kulluka wird mit denselben heiligen weiblichen Silben angerufen. Man muss sie mit dem Ritual derjenigen praktizieren, die sich den Kalis weihen.

Hat man sie hundertacht Mal wiederholt, kann man also das Ritual vorbereiten. Anschliessend muss die Göttin Lalita von Mahakala geehrt werden.

Aber danach, Oh Göttin, muss man noch Hymnen rezitieren sowie den Schutzpanzer (Kavaca).

Die Göttin sagt:

Herr! Herrscher aller Götter. Du, der Du von allen Wesen verehrt wirst,

Erkläre mir alles, Oh Gott, denn der Magische Schutz ist mir nicht klar. Erzähle, der Du der herausragende unter den Göttern bist, wenn Du Liebe für mich empfindest.

***

Der Herr Shiva antwortete:

Auf dass Siddha-Kali den Kopf schütze, Dakshina schütze die Stirn.

Auf dass Kali ständig das Gesicht schütze, Kapali schütze die Augen.

---

25 Unter Matrikas können sowohl Buchstaben des Alphabets, als auch Göttinnen verstanden werden.

Auf dass Kulla ständig die Wangen schütze und Kuru-Kullika den Mund.

Auf dass Virodhini die Lippen schütze und Vipra-Cittika das Kinn.

Auf dass Ugra ständig die Ohren schütze und Ugra-Prabha auch die Nase.

Auf dass Dipta ständig die Kehle schütze, und Nila-Prabha behüte den Nacken.

Auf dass Ghana den Bereich der Brust schütze, und Matra den Rücken ohne Unterlass behüte.

Auf dass Mudra immer den Bauchnabel schütze, dass Mita immer den Phallus behüte.

Auf dass Rati-Priya den Ansatz des Phallus schütze und Shiva-Priya die Yoni.

Auf dass tatsächlich ebenso Aruna den Gaumenansatz schütze und Taruna die Zunge.

Auf dass Mahakala-Priya und Vikata beide Knie beider Beine schützen.

Auf dass Shmashana-Vasini die Gemahlin schütze und Digambari den Sohn.

Matta-Hasa, die Bleibe und Sureshvari meine Mutter.

Auf dass Ghora-Rava den königlichen Palast schütze und Kalika ohne Unterlass wache.

Auf dass Ghora-Rupa das Dharma schütze und Munda-Malini das Nicht-Dharma.

Auf dass Kara-Kanci ständig schütze und dass Kalika mich in jedem Augenblick behüte.

Auf dass die drei Buchstaben der geheiligten Silbe von Kama vom Bauchnabel bis zu den Füssen schützen.

Auf dass die beiden miteinander verbundenen Buchstaben der geheiligten Silbe von Kurca mich immer oberhalb des Bauchnabelbereichs schützen.

Auf dass die beiden Buchstaben der geheiligten Silbe der Shakti auch noch die Öffnung auf dem Scheitel schützen.

Auf dass die beiden Buchstaben der geheiligten Silbe von Kama immer in der östlichen Richtung schützen.

Auf dass die beiden miteinander verbundenen Buchstaben der geheiligten Silbe von Kurca in der südlichen Richtung schützen und mich ständig behüten.

Auf dass die beiden miteinander verbundenen Buchstaben der geheiligten Silbe der Shakti mich in der westlichen Richtung schützen und auf dass diese gnädig gestimmt sei.

Auf dass Vahni-Jaya mich immer in nördlicher Richtung schütze und Aniruddha-Sarasvati, die über das Wissen herrscht, in allen Richtungen.

***

Der Besonnene muss sorgfältig den magischen Schutz von Kalika wiederholen. Die Dämonen, seien sie Rakshasa, Kushmanda, Gespenster, Geister, kannibalische Wesen, suchen dann wahrhaftig das Weite, da gibt es gar keinen Zweifel.

Die Göttin fragte:

Welchen Lobpreis hat Shankara (Shiva) ausgesprochen, bevor er der mit allen Mächten ausgestattete Gebieter wurde?

Trage es mir vor, oh Herr der Götter, wenn Du Liebe für mich empfindest.

Der Herr Shiva antwortete:

Du, die Du den Klang HUM HUM erzeugst, die auf einen Leichnam gestiegen ist und deren nachtblaue Augen funkeln,

Du, deren Gesicht die Drei Welten blendet. Ehre sei Dir, Kalika.

Du, deren Füsse man küsst, die Du schrecklich bist und um den Hals eine Kette mit abgeschlagenen Köpfen trägst,

Du, die Du unübersehbar bist, Du, deren Bauch vorspringt, die beängstigend ist, Ehre sei Dir, Kalika.

Du, die Du ein ganz junges Mädchen bist, Deine Brüste den Stirnhöckern des Elefanten gleich,

Du, die Du über die Sprache herrschst, die wohltätig ist und glückverheissend, Ehre sei Dir, Kalika.

Du, die Du die Zunge hin und her bewegst, die aussieht wie Hara (Shiva), die mit einer Triade von Augen geschmückt ist,

Göttin, deren schallendes Gelächter grausig ist, Ehre sei Dir, Kalika.

Du, die Du mit einem Tigerfell bekleidet bist, die Du in Deiner geschickten Hand ein Schwert trägst und im blauen Lotus Deiner linken Hand einen abgeschlagenen Kopf, Ehre sei Dir, Kalika.

Du, deren gewellte Haarmenge von der Farbe eines nachtblauen Lotus ist, deren Gesicht aufgeht wie ein messingfarbener Mond, Du, deren Zähne zwischen den Lippen funkeln, Ehre sei Dir, Kalika.

Du, die Du die Rauchfarbe von den Feuern der Zerstörung der Welt hast, Du, deren Augen Sonne, Mond und Feuer sind, Du, die wohltätige Mutter, die in den Bergen Wohnsitz hat, Ehre sei Dir, Kalika.

Du, die Du die Wasserfluten von Brahma und Shambu empfängst und aufrecht auf dem Bauch eines Leichnams stehst, die von Millionen von Gespenstern begleitet wird, Ehre sei Dir, Kalika.

Du, die Mutter der Zerstörung und voller Mitgefühl, Du erfüllst voll und ganz sämtliche Begehren,

Du erhörst die Wünsche, Du verschaffst Genuss und bringst die Erlösung, Ehre sei Dir, Kalika.

Derjenige, der Kalis Lobpreis mit der tiefsten Andacht vorträgt, wird, nachdem er seine Aufgabe erfüllt hat, mit magischen Kräften ausgestattet und muss keine mentale Anstrengung mehr unternehmen."

5 Kalirituale und heilige Vereinigung

Zahlreiche Rituale fördern die Vereinigung der Praktizierenden mit der göttlichen Kali, das geht vom Mantrasingen bis zu sehr komplexen Praktiken und tiefen Meditationen. Kali ist jenseits von Gesetzen, von daher können die hier aufgenommenen Rituale einzeln oder in jeder beliebigen Verbindung durchgeführt werden.

Kalis Praktiken sind an keine Einschränkung wie von Zeit, Ort, Mondumlauf, astrologischen Konjunktionen etc. gebunden, aber Kali liebt die nächtliche Praxis, den Neumond, Dienstage, Wegkreuzungen, verlassene Orte, Friedhöfe. Rote Blumen und rote Kleider gefallen ihr. Wein, Blut, die sublime Essenz und das Sperma machen sie süchtig vor Verlangen.

Kali Gayatri

Das Kali Gayatri Mantra sollte hundertacht Mal gesungen werden.

OM mahakalyai cha vidmahe
smachan vasinyai cha dhimahi
tanno gore pracodayat

Om, ich meditiere auf die grosse Göttin, die die Dunkelheit wegnimmt.
Ich betrachte jene, die neben den Leichenverbrennungsstätten wohnt.
Möge mich die Göttin für die totale und nicht-duale Ausdehnung offen machen.

In diesem Ritual wird der Gesang gewisser Bija-Mantras (Samensilben) von Opfergaben an die Göttin begleitet. Hundertacht Mal wird das Mantra gesungen, dabei streut man Blütenblätter, überreicht den Weihrauch, die Gewürze, das Wasser und alle möglichen Gaben, symbolisch oder real.

OM HRIM SRIM KRIM Parameshvari Kalike Svaha!

OM: Das Unendliche, jenseits aller Begriffe
HRIM: Die Essenz des Bewusstseins, die Substanz der Präsenz
SRIM: Die Ausdehnung jenseits aller Form
KRIM: Die Auflösung im Absoluten
Parameshvari: Die höchste Gottheit, die grosse Göttin
Kalike: Diejenige, die die Dunkelheit wegnimmt
Svaha: Ich bin mit dem Göttlichen nichts als eins.

Meditation mit einer Visualisierung von Kali

Kali ist die absolute Natur, die Essenz aller Gottheiten, die grosse Göttin, das Bewusstsein, das Erstaunen, die Freude. Kali reduziert Gegensatzpaare auf leeren Raum. Sie transzendiert Unterwerfung und Befreiung, sie durchschneidet die Bande, sie schafft den Unterschied zwischen Guru und Schüler ab.

Durch ihr Liebesspiel verschafft sie Ekstase, manifestiert die Formationen und Welten und löst sie auf. Alle Tantras gehen von ihr aus, sie hat die Sprache erschaffen. Die Vertrautheit mit Kali entbindet von allem Wissen, sogar die offenbarten Schriften sind nutzlos dem, der Kali kennt. Ist sie verkannt, wird keine Sadhana ihre Früchte tragen. Sie ist die Essenz der Schöpfung, die manifestierte Frau. Selber süchtig gemacht durch Verlangen, macht sie den Tantrika von jedem anderen Verlangen frei, ausser dem der Vereinigung mit dem Göttlichen. In ihr erfüllt sich die Vereinigung von Schüler und Guru. Ihre tiefe Natur bleibt geheim.

Kali-Visualisierung

Betrachtet man Kali in dieser Gestalt, wird alle Dunkelheit, alle Dualität zerstört. Die Zeit selbst wird von der Göttin, die reiner Geist ist, verschlungen werden.

1. Kali wird im Herzzentrum visualisiert, aufrecht auf einem weissen Lotus. Durch die Atmung wird Kali ausserhalb des Körpers transportiert, sie geht durch das linke Nasenloch heraus, dann ist sie gegenüber vom Meditierenden im Raum niedergelassen.

2. Kali sieht aus wie eine Jugendliche, nackt, wild, von grosser Schönheit, ihre Haut ist von einem fast schwarzen Nachtblau. Ihr wildes Haar fällt auf die Mitte der Beine, ihre Brust zeigt in die Dunkelheit hinein, ihre Yoni ist sichtbar, zum Universum hin offen.

3. Kali trägt einen Rock aus abgeschlagenen Armen, eine Kette aus fünfzig Totenköpfen, ihre dunkle Haut ist blutbefleckt, sie streckt ihre riesige Zunge heraus, ihre drei Augen verleihen ihrem lächelnden Gesicht eine strahlendes, von Sinneslust und Liebe überströmendes Aussehen. Sie trägt einen Goldring im rechten Nasenloch und zwei Ohrringe. Ihre Kraft ist für gewöhnliche Menschen grauenerregend und köstlich für Helden.

4. Kali besitzt vier Arme, in der oberen rechten Hand schwingt sie ein Köpfmesser, in der unteren rechten Hand hält sie den Dreizack, mit ihrer linken oberen Hand schwenkt sie den frisch abgeschlagenen Kopf des Ego. Dessen Blut und Substanz fängt sie in einer aus einer Schädeldecke gebildeten Schale auf, diese hält sie mit ihrer linken unteren Hand.

5. Kali stösst einen schrecklichen Schrei aus, welchen Mahakala, der Herr über die Zeit, ihr aus den Abgründen zurücksendet. Blut quillt aus ihrem Mund, sie ist umgeben von Tigern, ihren Reittieren und von Schakalen, ihren Begleitern auf den Verbrennungsstätten und Leichengruben.

Diese Praxis zeigt, dass der Verehrer keinen äusseren Tempel braucht, um der Göttin zu huldigen. Der eigene Körper des Meditierenden wird zum heiligen Raum. Diese Praxis verwendet Mudras. Eine Mudra ist eine symbolische oder rituelle Geste, die den ganzen Körper einbeziehen kann, doch meistens wird sie mit den Händen ausgeführt. In dieser Praxis sind die verschiedenen Mudras und Mantras Ausdruck der Verehrung und der Bestrebung, eins mit der Göttin zu werden. Im ersten Teil kommt der Daumen mit jedem Finger von der Hand, die gerade an der Reihe ist, in Berührung, jeder stellt eine symbolische Verneigung oder Bitte an die Göttin dar.

Verneigung vor der Göttin

1. Kali, die auf ihrem Lotus sitzt, wird durch das rechte Nasenloch in das Herzzentrum zurückgebracht, während du singst:

OM
KRIM KRIM KRIM
HUM HUM
HRIM HRIM
Daksine
Kalike
KRIM KRIM KRIM
HUM HUM
HRIM HRIM
Svaha!

Du, die den subtilen Körper
in unendliche Vollkommenheit verwandelt,
schneide das Ego ab.
Oh! Göttin,
die jede Dunkelheit verschwinden lässt,

schneide das Ego ab!
Ich bin nichts als eins mit Dir!

OM KRIM *kalyai namah!*
Ich begrüsse die Göttin Kali, die die Dunkelheit
verschwinden lässt!

2. Der Daumen berührt den Zeigefinger, Gesang:
   OM KRAM *angusthabhyam namah*
   OM KRAM, ich verneige mich im Daumen

3. Der Daumen berührt den Zeigefinger, Gesang:
   OM KRIM *tarjanabhyam svaha!*
   OM KRIM, im Zeigefinger, bin ich nichts als eins mit
   der Göttin!

4. Der Daumen berührt den Mittelfinger, Gesang:
   OM KRUM *madhyamabhyam vasat!*
   OM KRUM, im Mittelfinger, reinige!

5. Der Daumen berührt den Ringfinger, Gesang:
   OM KRAIM *anamikabhyam hum!*
   OM KRAIM, im Ringfinger, schneide das Ego ab!

6. Der Daumen berührt den kleinen Finger, Gesang:
   OM KRAUM *kanisthikabhyam vausat*
   OM KRAUM, im kleinen Finger, höchste Reinheit!

7. Drehe die Hände nach vorne und sage dabei *karatal kar*
und nach hinten und sage dabei *prsthabhyam*
klatsche in die Hände und sage dabei *phat.*

OM *krah karatakal kar prsthabhyam astraya phat!*
OM, ich verneige mich vor der Göttin Kali mit der
Waffe meines Muts!

OM KRIM *kalyai namah!*

OM KRIM, Ich verneige mich vor der Göttin Kali, die
die Dunkelheit wegnimmt!

Den Köper reinigen

In diesem Teil wird der Daumen benutzt, um die Hand-
geste, die als Tattva-Mudra bekannt ist, zu bilden. Dabei
berührt er das erste Fingerglied des Ringfingers, dann
berührt die Hand bestimmte Teile des Körpers, während
spezielle Mantras gesungen werden.

Der Daumen muss bei der Tattva-Mudra das erste
Fingerglied des Ringfingers berühren.

1. Bilde mit der rechten Hand die Tattva-Mudra, berühre
das Zentrum des Herzens und singe:
   OM KRAM *hrdayaya nam*ah!
   OM KRAM, ich verneige mich im Herzen!

2. Bilde mit der rechten Hand die Tattva-Mudra, berühre
den Scheitel und singe:
   OM KRIM *sirase svaha!*
   OM KRIM, auf den Scheitel bin ich mit der Göttin eins!

3. Bilde mit der rechten Hand die Tattva-Mudra und berühre den Hinterkopf:

OM KRUM *sikhayai vasat!*

OM KRUM, am Hinterkopf, reinige!

4. Bilde mit beiden Händen die Tattva-Mudra, kreuze die Arme, und singe:

OM KRAIM *kavachaya hum!*

OM KRAIM, die Arme kreuzend, schneide das Ego ab!

5. Bilde mit der rechten Hand die Tattva-Mudra und berühre gleichzeitig die drei Augen mit dem Zeigefinger, Mittelfinger und Ringfinger, und singe:

OM KRAUM *netratrayaya vausat!*

OM KRAUM, in den drei Augen, höchste Reinheit!

6. Drehe die Hände nach vorne und sage dabei *karatal kar*, nach hinten und sage dabei *prsthabhyam*, klatsche in die Hände und sage dabei *phat*:

OM *krah karatakal kar prsthabhyam astraya phat!*

OM, Ich verneige mich vor der Göttin Kali mit der Waffe meines Mutes!

OM KRIM *kalyai namah!*

OM KRIM, Ich verneige mich vor der Göttin Kali, die die Dunkelheit wegnimmt!

7. Bilde mit der rechten Hand die Tattva-Mudra, berühre den Kopf und singe:

OM *namah*

8. Bilde mit der rechten Hand die Tattva-Mudra, berühre das Geschlecht und singe:

STRIM *namah*

9. Bilde mit der rechten Hand die Tattva-Mudra, berühre den Anus und singe:

EM *namah*

10. Bilde mit der rechten Hand die Tattva-Mudra, berühre den Bauchnabel und singe:

STRIM *namah*

11. Bilde mit der rechten Hand die Tattva-Mudra, berühre das Herz und singe:

AIM *namah*

12. Bilde mit der rechten Hand die Tattva-Mudra, berühre die Kehle und singe:

KLIM *namah*

13. Bilde mit der rechten Hand die Tattva-Mudra, berühre das dritte Auge und singe:

SAIM *namah*

14. Bilde mit der rechten Hand die Tattva-Mudra, berühre die rechte Schulter und singe:

OM *namah*

15. Bilde mit der rechten Hand die Tattva-Mudra, berühre die linke Schulter und singe:

SRIM *namah*

16. Bilde mit der rechten Hand die Tattva-Mudra, berühre den rechten Fuss und singe:

HRIM *namah*

17. Bilde mit der rechten Hand die Tattva-Mudra, berühre den linken Fuss und singe:

KLIM *namah*

18. Wiederhole dieses Mantra 108-mal

OM KRIM *kalyai namah!*

OM KRIM, ich verneige mich vor der Göttin Kali, die die Dunkelheit verbannt!

Die Betrachtung von Kali kann auch die Form einer Meditation auf ihr Yantra annehmen. Das Wort Yantra bedeutet im Sanskrit „Stütze oder Instrument". Ein Yantra ist „ein mystisches Diagramm, das als Symbol des Göttlichen verwendet wird, sowohl in Hinsicht auf seine Kräfte als auf seine Gestalt."[26]

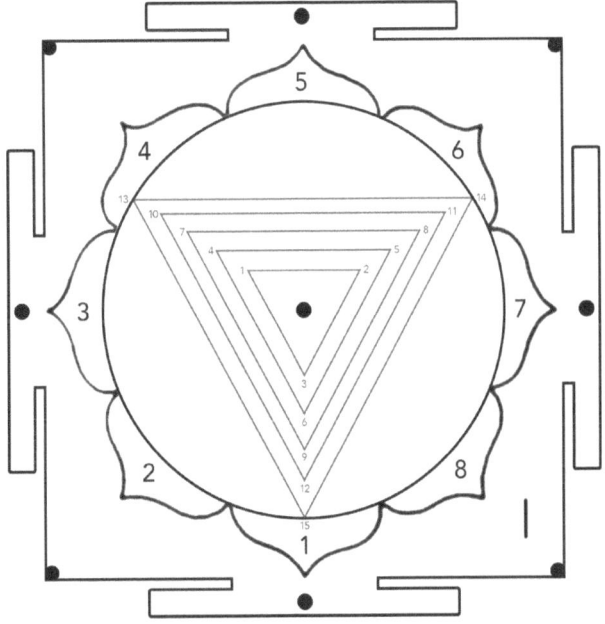

Die fünf Dreiecke und ihre fünfzehn Spitzen repräsentieren im Kali-Yantra die fünfzehn Kali-Nityas, die fünfzehn Tage des abnehmenden Mondes. Der achtblättrige Lotus repräsentiert die acht Chakras des Systems von Matsyen-dranath; auf diesen manifestieren und vereinigen sich acht Bhairavas und acht Bhairavis, die nächtlichen, subtilen und geheimen Aspekte Shivas. Das Dreieck repräsentiert die

---

26 Fischer-Schreiber, Ehrhard, Friedrichs und Diener, a.a.O.

Yoni, die Quelle des Kosmos, die Kraft und die Schöpfung, die Kosmische Mutter. Der mittlere Punkt bedeutet das Zentrum des Kosmos, das Unendliche. Das Kali-Yantra sollte in den nachtblauen Raum dem Gesicht gegenüber projiziert werden; es kann klein sein oder so gross wie der Körper des Praktizierenden.

Das Kaliritual und die grosse Vereinigung

Die Anweisungen, die hier für das Ritual der heiligen Vereinigung gegeben werden, folgen im Allgemeinen den im Nirrutara Tantra gemachten Anregungen. Falls das Kaliritual die sexuelle Feier enthält und die beiden Adepten zu Shiva/Kali geworden sind, führt man vorher die Weihe der Körper durch, um die Planeten, die fünfzig Pithas bzw. geheiligten Orte Indiens und die acht Chakras auf die Körper aufzutragen.

Ritual zur Sakralisierung der Körper von Shiva/Shakti

Bevor die Körper der Kaulika (die Praktizierenden, die Kali-Verehrer) geheiligt werden, wird die Ritualstätte vorbereitet. Dann werden die Praktizierenden rituell in diesen Initiationsraum eingeführt.

1. Den Ort reinigen, indem man dreimal laut ruft KLIM PATH!

2. Ein Mandala mit Zinnober, Sandelholz oder Wasser gegenüber dem Altar zeichnen, wo sich Kali, Königin des Kaula, befindet.
a) Ein Quadrat, man beginnt bei der oberen rechten Ecke.
b) Ein Dreieck im Quadrat.

3. Sich in der Mitte des Dreiecks niederlassen, die Spitze weist nach vorne.

4. Den Guru bei seinem Kaulanamen anrufen.

5. Die Linie anrufen.

6. Die roten Yoginis der Grossen Praxis anrufen (s. Kap. 6).

7. In den nicht-dualen Zustand der spontanen Meditation hineingehen, zum Kaulika gewandt, der eingeweiht wird. Ihm (ihr) seinen (ihren) Initiationsnamen ins Ohr flüstern, dieser sollte einen der hundert Namen von Kali oder von Tripura enthalten, gefolgt von Anandabhairava (Mann) bzw. Anandabhairavi (Frau).

Die Planeten platzieren

Mit der Hand in der Tattva-Mudra die verschiedenen Teile des Körpers berühren, um sie mit der Göttin zu verbinden, die die Form aller Planeten annimmt.

AIM HRIM SHRIM AM AM IM IM im Widder (rechter Fuss).

AIM HRIM SHRIM UM UM im Stier (am Geschlechtsteil, rechts).

AIM HRIM SHRIM RM RM LM LM in den Zwillingen (am Bauch, rechts).

AIM HRIM SHRIM EM AIM im Krebs (am Herz, rechts).

AIM HRIM SHRIM OM AUM im Löwen (rechte Schulter).

AIM HRIM SHRIM AM AH SHHM SHAM HAM LAM in der Jungfrau, (am Kopf, rechts).

AIM HRIM SHRIM KAM KAHM GAM GHAM NAM in der Waage, (am Kopf, links).

AIM HRIM SHRIM CHAM CCHAM JAM JHAM NAM im Skorpion, (linke Schulter).

AIM HRIM SHRIM TAM THAM DAM DHAM im Schützen, (am Herz, links).

AIM HRIM SHRIM TAM THAM DAM DHAN im
Steinbock, (am Bauch, links).

AIM HRIM SHRIM PAM PHAM BAM BHAM MAM im
Wassermann, (am Geschlecht, links).

AIM HRIM SHRIM YAM RAM LAM VAM KSHAM in den
Fischen, (linker Fuss).

Die Pithas einsetzen

In dieser Praxis wird der Körper geheiligt, in dem man
dort die geheiligten Stätten (Pitha) einsetzt, die den Orten
entsprechen, wo die zerstückelten Körperteile der Shakti
hingefallen sind.

AIM HRIM SHRIM AM Kamarupa: Kopf

AIM HRIM SHRIM AM Varanasi: Gesicht

AIM HRIM SHRIM IM Nepal: Rechtes Auge

AIM HRIM SHRIM IM Paudrardhana: Linkes Auge

AIM HRIM SHRIM UM Purasthira Kaschmir: Rechtes
Ohr

AIM HRIM SHRIM UM Kanyakubja: Linkes Ohr

AIM HRIM SHRIM RM Purnasheila: Rechtes Nasenloch

AIM HRIM SHRIM RM Arbudachala: Linkes Nasenloch

AIM HRIM SHRIM RM Amritakheshvara: Rechte Wange

AIM HRIM SHRIM LM Ekamraya: Linke Wange

AIM HRIM SHRIM EM Trisrotasi: Oberlippe

AIM HRIM SHRIM AIM Kamakoli: Unterlippe

AIM HRIM SHRIM OM Kailash: Obere Zahnreihe

AIM HRIM SHRIM AUM Brigunagara: Untere Zahnreihe

AIM HRIM SHRIM AM Khedara: Zungenspitze

AIM HRIM SHRIM AH Chandra Pushkar: Kehle

AIM HRIM SHRIM KAM Shirupa: Rechtes
Schultergelenk

AIM HRIM SHRIM KHAM Omkhara: Rechte Schulter

AIM HRIM SHRIM GAM Jalandhara: Rechtes Handgelenk

AIM HRIM SHRIM GHAM Himalaya: Wurzel der Finger rechts

AIM HRIM SHRIM NAM Kulanthaka: Fingerspitzen, rechts

AIM HRIM SHRIM CHAM Devikota: Linkes Schultergelenk

AIM HRIM SHRIM CCHAM Gokarna: Linke Schulter

AIM HRIM SHRIM JAM Maruteshvara: Linkes Handgelenk

AIM HRIM SHRIM JHAM Attahasa: Wurzel der Finger, links

AIM HRIM SHRIM NAM Viraja: Fingerspitzen, links

AIM HRIM SHRIM TAM Rajageha: Rechtes Hüftgelenk

AIM HRIM SHRIM THAM Mahapatha: Rechtes Knie

AIM HRIM SHRIM DAM Kolapura: Rechter Knöchel

AIM HRIM SHRIM DHAM Elapura: Rechte Fusssohle

AIM HRIM SHRIM NAM Kolesvara: Rechter großer Zeh

AIM HRIM SHRIM TAM Jayantika: Linkes Hüftgelenk

AIM HRIM SHRIM THAM Ujayini: Linkes Knie

AIM HRIM SHRIM DAM Chitra: Linker Knöchel

AIM HRIM SHRIM DHAM Kshirika: Linke Fussohle

AIM HRIM SHRIM NAM Hastinapura: Linker großer Zeh

AIM HRIM SHRIM PAM Udisha: Rechte Seite

AIM HRIM SHRIM PHAM Prayag: Linke Seite

AIM HRIM SHRIM BAM Shathisha: Rücken

AIM HRIM SHRIM BHAM Mayapuri: Nabel

AIM HRIM SHRIM MAM Jalesha: Bauch

AIM HRIM SHRIM YAM Malaya: Herz

AIM HRIM SHRIM RAM Shri Shaila: Rechte Schulter

AIM HRIM SHRIM LAM Meru: Nacken

AIM HRIM SHRIM VAM Girivara: Linke Schulter

AIM HRIM SHRIM SHAM Mahendra: Herz in der Mitte des rechten Handtellers

AIM HRIM SHRIM SHAM Vamana: Herz in der Mitte des linken Handtellers

AIM HRIM SHRIM SAM Hiranyapura: Herz in der Mitte der rechten Fusssohle

AIM HRIM SHRIM HAM Mahalashmipura: Herz in der Mitte der linken Fusssohle

AIM HRIM SHRIM LAM Oddyana: Herz im Geschlecht

AIM HRIM SHRIM KSHAM Chayachatra: Herz im Scheitel

Die acht Chakras gemäss Matsyendranath einsetzen

Die Übung ist dazu da, um euch zu helfen, die acht Chakras im Körper zu lokalisieren. Mit eurer zur Tattva-Mudra gebildeten Hand werdet ihr jeden unten genannten Teil des Körpers berühren, um die Chakras zu lokalisieren, während ihr gleichzeitig den Sanskrit-Buchstaben singt, der mit dem jeweils korrespondierenden Chakra verbunden ist. Ihr werdet feststellen, dass – in typischer tantrischer Umkehr – die Chakras in dieser Praxis von oben nach unten durchgezählt sind, im Gegensatz zur konventionelleren Zählweise von unten nach oben. Das folgt der von Matsyendranath in diesem Tantra beschriebenen Praxis.

1. Berühre die Fontanelle am Scheitelpunkt, während du *Ksa* singst.

2. Berühre die Mitte deiner Stirn, während du *La* singst.

3. Berühre die Stelle zwischen deinen Augenbrauen, während du *Ha* singst.

4. Berühre deinen Mund, während du *Sa* singst.

5. Berühre deinen Halsansatz, während du *Sha* singst.

6. Berühre das Herzzentrum zwischen deinen Brüsten, während du *Sha* singst.

7. Berühre deinen Bauchnabel, während du *Va* singst.

8. Berühre das Sexualorgan am Damm, während du *Hla* singst.

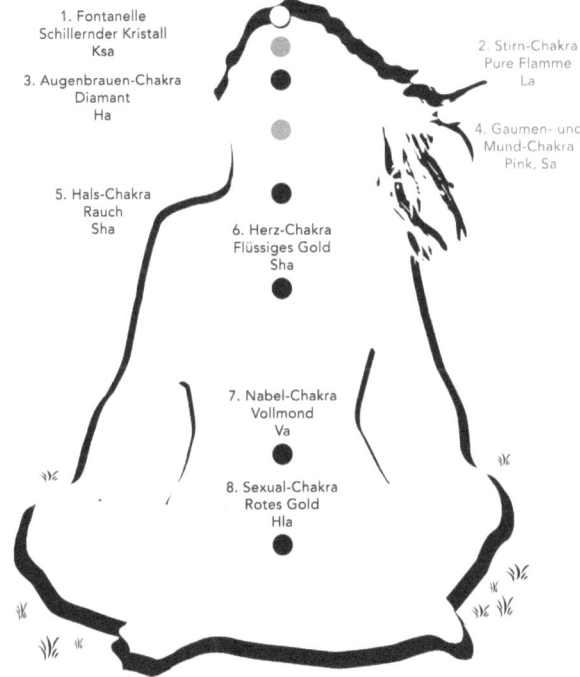

1. Fontanelle
Schillernder Kristall
Ksa

2. Stirn-Chakra
Pure Flamme
La

3. Augenbrauen-Chakra
Diamant
Ha

4. Gaumen- und
Mund-Chakra
Pink, Sa

5. Hals-Chakra
Rauch
Sha

6. Herz-Chakra
Flüssiges Gold
Sha

7. Nabel-Chakra
Vollmond
Va

8. Sexual-Chakra
Rotes Gold
Hla

Das Ritual der heiligen Vereinigung

Um das Kaliritual zu erfüllen, müssen die zu Shiva und Kali gewordenen Eingeweihten die heilige Kaulavereinigung des Bhairavachakra vornehmen, in welchem sie von Herz zu Herz verbunden sind, falls das Kaliritual die sexuelle Feier einschliesst. Da die Sexualorgane ebenfalls als Herzchakra betrachtet werden, können die Eingeweihten auch in körperlicher sexuellen Vereinigung verbunden werden. Die

Partner können Puja sein (Gegenstand der Verehrung) oder Bhoga (Partner der sexuellen Verehrung), das Ritual ist das gleiche, für Erstere folgt darauf eine Visualisierung der Vereinigung und für die Zweiten eine wirkliche Vereinigung. Die heilige Vereinigung kann in beiden Fällen allein während der Zeremonie des Heiligen Kreises Gültigkeit haben oder auch für eine längere Dauer.

Für Matsyendranath schliesst dieser Ausdruck der Verehrung alle Menschen ohne Unterscheidung ein, die Frauen können Yoginis, Partnerinnen, Schülerinnen oder Unberührbare sein. Keine Einschränkung auf dem Kaulaweg, denn jede Frau ist die Göttin, so wie jeder Mann Shiva ist.

Haben sie dieses Ritual einmal erfahren, vereinigen sich Shiva/Kali in Freiheit, unter der Voraussetzung, im nicht-dualen Zustand zu sein. Kalis Körper wird zur Gesamtheit der heiligen Stätten, und der Kaulika, der darin badet, kehrt zur selben Zeit in diese Stätten ein. Das Amrta (die Ambrosia) der Kaulikas ist die subtile Essenz der Shakti, die an der Quelle verzehrt wird. Das Amrta ist ebenso die Mondessenz, die im geheimen Chakra visualisiert wird und im Yoga von Matsyendranath den Yogi in Mondmilch badet.

1. Während sie das entsprechende Mantra 108-mal wiederholen, müssen beide Kaulika jeweils auf Anandabhairava bzw. Anandabhairavi meditieren, voller Leben und Jugend, leuchtend, das Gesicht strahlt einem Vollmond gleich; in liebender Vereinigung im nachtblauen Raum schwebend, vermischen sie ihre Essenzen im fortwährenden Erschauern.

OM *anandabhairavaya namah!*
OM *anandabhairaviyai namah!*

2. Den Wein segnen, während folgendes Mantra einstimmig dreimal gesungen wird.

AM *HRIM KROM svaha!*

3. Sie trinken den Wein, um die Kaulavereinigung zu weihen.[27]

4. Das Kaularitual kulminiert darin, dass Shiva und Kali durch die visualisierte oder reale sexuelle Vereinigung verbunden sind, das wird von folgenden Mantras begleitet und beginnt mit dem Tripura Mantra, das die Heilige Vereinigung besiegelt. Dreimal gesungen.

AIM KLIM SAUH *tripurayai namah*!

Mache, dass diese Shakti (dieser Shiva) mein sei.
Mach, dass diese Shakti (dieser Shiva) rein sei.
Dass sie (er) mein sei!
HRIM *devesi*

Auf dass ihre Yoni (sein Lingam) Ströme von sublimer Essenz ergiesse!

SAUH

in ihre Yoni (sein Lingam)

OM AIM KLIM SAUH SHRIM HRIM PATH *svaha*!
OM HSAUM VIM VIM VIM VIM

Oh! Frau des Wissens!
Oh! Mondmilch!
Geniesse, geniesse in Hülle und Fülle!

---

27 Die Teilnehmenden trinken fermentierte Getränke, die von Palmen, Weizen oder Gerste gemischt mit Honig stammen, keinen Wein von Trauben.

Der Rückzug in die absolute Dunkelheit

Idealerweise praktiziert man das Kaliritual im Lauf eines Rückzugs in die absolute Dunkelheit. Wenig Zentren bieten diese Möglichkeit, aber man kann das umgehen, wenn man statt einer Höhle einen isolierten Ort findet. Man verstopft alle Öffnungen mit Hilfe von Planen aus schwarzer Plastik, die man vor die Fenster klebt. In Anbetracht der Schwierigkeiten, die mit dem Eintauchen in die Dunkelheit verbunden sind und um alles Hin-und Her zu vermeiden, ist es unbedingt notwendig, dass jedes Zimmer über ein Badezimmer verfügt, dessen Belüftung auch als Luftzufuhr für das Zimmer dient. Der Flur, der in das Zimmer führt, ist gleichfalls vom Licht isoliert, damit man ins Zimmer gehen und den Praktizierenden Nahrung bringen kann. Es ist auch unerlässlich, dass derjenige, der das Retreat leitet, in der Nähe sein kann und in jedem Moment die Möglichkeit hat, Zutritt zu haben und zuzuhören, denn es können Ängste aufsteigen. Dieses Retreat kann nur mit einigen auf dem Weg fortgeschrittenen Personen durchgeführt werden und richtet sich in keinem Fall an fragile oder gestörte Persönlichkeiten.

Die Bequemlichkeit ist wichtig sowie die Qualität des Essens.

Die ersten Tage spielen sich nur Auge in Auge mit dem Schatten ab, ohne eine andere Praxis als das stille Sitzen. Ziemlich schnell ereignet sich das, was Rimbaud als grosses Durcheinandergeraten aller Sinne bezeichnet hat, wo die Sinneswahrnehmungen aus ihrem Territorium herauskommen. Diese Verwirrung wird alles, was verborgen und verdrängt war, leichter zutage treten lassen. Man erlebt in diesem Theater des Unbewussten, wie heftige Emotionen aufkommen und sich freisetzen. Am Anfang wird die Furcht vor der Konfrontation mit der eigenen Dunkelheit uns dazu bringen, viel zu schlafen, so sehr, dass man nach zwei oder drei Tagen praktisch nicht mehr schläft. In diesem Moment beginnt die Konfrontation mit der Dunkelheit wirklich.

Das Zuhören und die physische Präsenz des Meisters sind nötig, um sich vollkommen gehen zu lassen. Wenn der Geist anfängt, ruhiger zu werden, kann man dann mit den vorbereitenden Praktiken beginnen, darauf folgt das Kaliritual. Die Praxis wird eine weitere Welle der Befreiung in Gang setzen. Die Dunkelheit lässt die uns entgleitende Zeit verschwinden, wir werden Kali.

6 Auf dem Kaulapfad voranschreiten

Meditation auf die acht Chakras, die höchste Herzenspraxis der Yoginis und das Verschlingen der Dämonen

In der Kaulaschule aktivieren die Yogapraktiken und die Visualisierungen die acht folgenden Chakras, die jeweils aus acht Blütenblättern zusammengesetzt sind. Sie sind mit der Praxis der acht Sahaja-Mütter bzw. roten Göttinnen verbunden. Jede Mutter wird als auf einem der Blätter sitzend visualisiert.

Brahmi, im obersten Lotusblatt.
Sie symbolisiert Buddhi, die reine Intelligenz.

Mahesvari, im Blütenblatt darunter, auf der linken Seite (gegen den Uhrzeigersinn). Sie symbolisiert den Ort der Erschaffung des „Ich".

Kumari, im folgenden Blütenblatt.
Sie symbolisiert das launenhafte und schwankende Denken.

Vaishnavi, im folgenden Blütenblatt.
Sie symbolisiert das Hören, die Stimme, die melodiösen Klänge.

Varahi, im folgenden Blütenblatt.
Sie symbolisiert die Berührung, die Haut.

Indrani oder **Vajrahasta,** im folgenden Blütenblatt.
Sie symbolisiert das Sehen, die Form.

Chamunda, im anschliessenden Blütenblatt.
Sie symbolisiert den Geschmack, die Zunge.

Aghoresi, im letzten Blütenblatt.
Sie symbolisiert den Geruchssinn, die Nase.

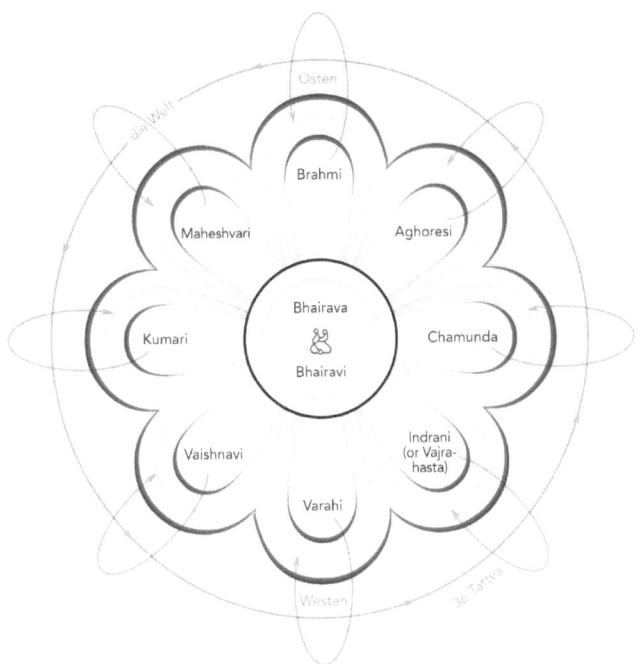

Die acht Sahaja-Mütter

Das Herz des Mandalas ist mit unserem Herzen verknüpft, aus dem das höchste Bewusstsein entspringt, Grundlage all dessen, was existiert und vibriert: Körper, Denken, Atem, Energie, Wissen. Zentrum der Sinnesorgane, Zentrum der Gottheiten. Die acht Göttinnen schenken durch unsere Sinne und unseren Geist hindurch ohne Unterlass ihre Ernte dem Unvergleichlichen, dem Herzen. „Die Göttinnen der Sinnesorgane glänzen auf dem Thron deines Körpers, dem Kosmos gleich, und in ihrer Mitte strahlt der höchste Bhairava/Bhairavi", sagt Gorakshanath.

Alle Kräfte sind so in ununterbrochenem Austausch mit dem Mittelpunkt des Mandalas, in dem Bhairava und Bhairavi sich umschlungen halten. Die ganze Energie geht zum Zentrum, während die Energie von Bhairava und Bhairavi, die das Geheimnis, die Nacht und die tiefe

Kontemplation verkörpern, wie ein göttlicher Nektar zu uns zurückkehrt.

Matsyendranath beschreibt in seinem Kaulajnananirnaya-Tantra die acht Chakras und die Kräfte, die mit jedem von ihnen verbunden sind. Er spricht von den Müttern: „Die Sahaja-Mütter sind sehr mächtig und äusserst grauen-erregend. Sie sind schön und von roter Farbe. Sogar einem Pashu (ein Wesen beschränkter Natur) gestatten sie den Zugang zum himmlischen Zustand. Lebendigen Wesen schenken sie das Leben und verursachen die Entstehung des Seins im Inneren der Gebärmutter (...) Die Siddhas selbst und alle Wesen verehren die acht Mütter."

Diese Anordnung ist in jedem der acht Chakras zu finden. Matsyendranath fährt fort: „All dieses ist durch Verknüp-fungen gebildet worden, und genauso müssten alle Yoginis betrachtet werden, als diejenigen, die sich auf eben diese Weise verbinden können. Multipliziert man acht mal acht, erhält man vierundsechzig Yoginis. Dieses in Übereinst-immung mit der Reihenfolge, die ihnen zugewiesen ist."

Die acht Mütter schenken den vierundsechzig Yoginis das Leben:

Jaya	Urdvakesini	Bhairavi	Kesini
Vijaya	Virupakshi	Dwangshini	Marthini
Jayanthi	Suklangi	Doomrangi	Romajanga
Aparajitha	Narabhojini	Predavahini	Nivarini
Divya-Yogini	Patkari	Katwangi	Visalini
Maha-Yogini	Virabadra	Dirgalamboshti	Kaarmuki
Sidha-Yogini	Doomangi	Maalini	Loli
Ganeshwara Yogini	Kalakapriya	Matthayogini	Adomuki
Predasini	Korarakthakshi	Kalini	Mundakradarini
Dakini	Viswarupa	Chakrini	Vyakrini
Kamala	Abhayankari	Kangali	Kangkshini
Kaalaratri	Virakowmari	Bhuvaneswari	Predarupini
Nisasari	Chandika	Chataki	Durjati
Dankarini	Varahi	Mahamari	Kori
Roudri	Mundadarini	Yamaduthi	Karali
Hoomkarini	Rakshasi	Karalini	Vishalambini

Matsyendranath fügt hinzu: «Nur, wenn man diese vierundsechzig Zeitabschnitte kennt, gewähren sie Siddhi, sonst nicht. Der geheime Befehl der vierundsechzig Yoginis wurde also von mir ganz klar geäussert. Ihr solltet das mit Hingabe in Eurem Gedächtnis behalten.«[28]

In Indien existieren noch einige Rundtempel, die den Kaulariten geweiht sind. In der Mitte sind Bhairava und Bhairavi in liebender Vereinigung, von vierundsechzig Nischen umgeben, diese beherbergen jeweils eine rote Göttin. Einer der besterhaltenen Tempel steht in Orissa, in Ranipur-Jharial.

Das Chakra der Fontanelle, (Kronenchakra) in der Farbe von funkelndem Kristall. *Ksa*	„Das erste Chakra gewährt die Fähigkeit, sich mit den Yoginis zu vereinigen, die Fähigkeit, sich klein zu machen und von den acht Siddhi die tatsächliche Verwirklichung in Meditation und Sadhana."[29]
Das Chakra in der Mitte der Stirn, von der Farbe der reinen Flamme. *La*	„Mit der Puja und der auf das zweite Chakra konzentrierten Meditation erhält man die Macht, alle Wesen zu bezaubern, die Fähigkeit, Gegenstände aus der Entfernung zu zerbrechen oder zu projizieren, oder die Fähigkeit, die anderen in Bann zu schlagen."
Das Chakra zwischen den Augenbrauen, diamantfarben. *Ha*	„Wer auch immer regelmässig die Methode des dritten grossen Chakras praktiziert, kann auf subtile Weise in den Körper der anderen schlüpfen, zudem ist er fähig, den Blick in die Zukunft zu erlangen."
Das Chakra des Gaumens und des Mundes, rosafarben. *Sa*	„Das vierte Chakra spendet auf wunderbare Weise die Kräfte der Besänftigung, der Befreiung und der Lust. Wenn man dieses Chakra verehrt, indem man während der Meditation sein Bild benutzt, ist man in der Lage, die anderen unmittelbar mit einer einzigen Geste zu lähmen. Ausserdem erhält man die Fähigkeiten, sich unsichtbar zu machen bzw. Gesprächen zuzuhören, ob in der Nähe oder aus der Entfernung."

28 Le Kaulajnananirnaya tantra de Matsyendranath. Aus dem Sanskrit ins Französische übersetzt von Dominique Boubouleix. Nicht ediert.
29 Alle Anmerkungen zu den Chakras zwischen den Anführungszeichen stammen aus Matsyendranaths Kaulajnananirnaya Tantra.

Das Chakra am Halsansatz, rauchfarben. *Sha*	„Wenn man meditiert und die Sadhana auf dem fünften grossen Chakra erfüllt, ist man fähig, sich wie ein Rsi (Rishi) auszudrücken, sich dem Wind gleich fortzubewegen und das Gespräch der anderen zum Anhalten zu bringen."
Das Herzchakra, in der Farbe flüssigen Goldes. *Sha*	„Das sechste Chakra bewilligt die Lehre, die Macht und die Befreiung."
Das Nabelchakra, vollmondfarben. *Va*	„Wer auch immer seine Sadhana während langer Perioden im siebten Chakra praktiziert und ausführt, erhält die Macht, die anderen dienstbar zu machen. Er zeigt die Fähigkeit, die anderen zu lähmen, in Bann zu schlagen, und er wird sich von den Ketten des Samsara befreien."
Das Damm bzw. Sexualchakra, Rotgold. *Hla*	„Das achte Chakra ist das Werkzeug zur Durchführung des Iccha-Siddhi. Es gestattet jedem Beliebigen, den Tod herbeizuführen und sich in die Ferne zu bewegen. Doch zudem gewährt es die Fähigkeiten, Lähmung und Illusion bei anderen hervorzurufen. Derjenige, der sich im grossen Chakra verankert hat, ist der Liebling der Yoginis. Nur, wenn er Kenntnis dieser vierundsechzig Regeln hat, gewähren die Yoginis ihm die Siddhis und nicht anders. Die geheime Reihenfolge dieser vierundsechzig Yoginis wurde dementsprechend von mir dargelegt und das in den klarsten Worten. Daran solltet ihr euch mit Inbrunst erinnern."

Der magische Kontext kommt in diesen Unterweisungen von Matsyendranath deutlich zum Vorschein: die Macht, zu lähmen, in Bann zu schlagen und zu töten, gehörten im 8. Jahrhundert zur Ausrüstung der Yogis. Als die Lehren nach Kaschmir überliefert wurden, liessen Abhinavagupta und die anderen Meister diese Mächte ausser Acht und widmeten sich der mystischen, von diesem alten Kontext bereinigten Erfahrung.

Meditation, um die acht Chakras in Gang zu setzen

„Ihr solltet immer mit Hilfe einer schönen, intensiven und leuchtenden Flamme, die man acht Mal, durch jedes der Zentren bewegt, auf die acht Chakras meditieren. Aus eigenem Willen werdet ihr zum Herrn über den Atem und fähig, Enthusiasmus hervorzurufen, indem ihr mit Kancuki-Devi selbst vereinigt seid."[30]

Die Herzenspraxis der Yoginis

Wie zahlreiche Tantras zu verstehen geben, ist das Herz das wichtigste Energiezentrum auf dem Kaulapfad. Die Herzenspraxis der Yoginis gilt als höchste Praxis des Sadhaka, denn sie verbindet ihn ohne Unterlass mit der Herzensenergie, indem sie mit der in ihrer Realität wahrgenommenen Welt einen Wirbel erschafft, der unaufhörlich die Herzensenergie nährt. Wirklichkeit und Absolutes kommen miteinander zur Verschmelzung. Das ist die Geheimpraxis der vierundsechzig Yoginis, die die acht Chakras in Vibration versetzen. Das ist der Höhepunkt des Weges, der zum Unvergleichlichen führt, die Entdeckung des Grenzenlosen. Das Herz ist die Göttin, sagt Abhinavagupta.

Man bezeichnet das Herz auch als Shaktichakra. So gibt es eine doppelte Spirale: Die Herzensenergie kreist unaufhörlich, die roten Göttinnen kommen daraus hervor, ernten das Wirkliche und bringen von dort die innerste Substanz ins Herz des Praktizierenden zurück. Das Herz ähnelt einem Bienenstock, die roten Göttinnen Bienen, die den Blumen Pollen entnehmen und ihn einbringen, um die Herzenskönigin zu ernähren. Das fortwährende Sprudeln ruft Glückseligkeit und Spanda hervor. Es löst die Knoten des Egos auf und bringt Erlösung.

30 Matsyendranath, a.a.O.

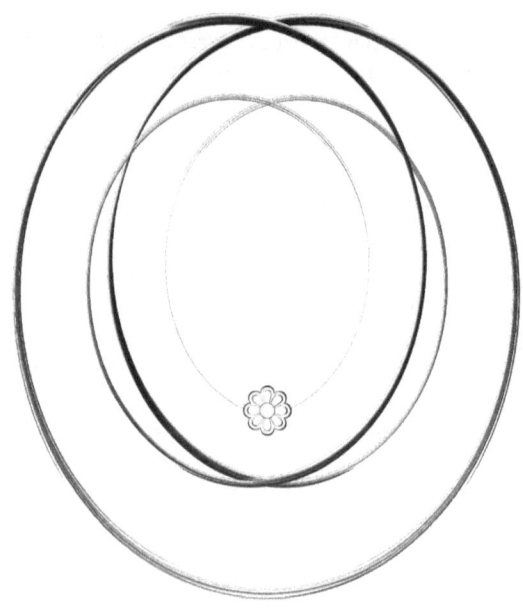

Abhinavagupta weist darauf hin, dass die Vergnügen der ans Ego gebundenen Sinne das Reservoir des Herzens leeren, während die Praxis der roten Göttinnen es unaufhörlich auffüllt. Diese Praxis führt zur stetigen Integration des Wirklichen ins Herzzentrum. Durch diese Praxis, die er von Sambunatha, einem Meister der Kaulatradition erhalten hatte, kam Abhinavagupta zum Erwachen. Diese Praxis führt zum Höchsten.

Es sind jedoch drei Hindernisse zu überwinden:

- Das Hindernis der egoistischen Individualität.

- Das Hindernis, nicht seine Fülle und seine Identität mit dem Göttlichen zu erkennen.

- Das Hindernis, das aus sinnlichen Vergnügungen eine Zerstreuung macht, einen Verlust der absoluten Essenz.

Bindung ist eine Identifikation mit dem physischen Körper, Befreiung eine Identifikation mit dem kosmischen

Körper. Abhinavagupta sagt, dass der, der in jedem Augenblick das Universum in seinem eigenen Bewusstsein auflöst und es dann erneut manifestiert, indem er es auf die Welt projiziert, zu Bhairava/Bhairavi wird.

Da das die höchste Praxis auf dem Kaulapfad ist, ist sie nur durch direkte Übertragung erreichbar, nachdem alle anderen Sadhanas erfolgreich abgeschlossen worden sind.

Einige Dinge sind hinsichtlich dieser Praxis zu bedenken:

- Werde Dir gewahr, dass die Wirklichkeit mit deinem eigenen Herzen identisch ist, der Wohnstätte der roten Yoginis.

- Die Ebenen der Realität winden sich um das absolute Bewusstsein herum.

- Das Feuer des kennenden Subjekts, die Erfahrung des gekannten Objekts unter dem Aspekt von Sonne und Mond bilden eine Spirale, die sich unaufhörlich ins Herz ergiesst und von dort aufsteigt.

- Die Wirklichkeit löst sich im Feuer des Herzens auf, sie sprudelt daraus empor.

- Dieser unablässige Wirbel offenbart die wahre Natur des Selbst.

- Das Shaktichakra des Herzens geniesst sämtliche sinnliche, emotionale und geistige Formen, die Göttinnen ernten unaufhörlich die Wirklichkeit, um sie im Herzen aufzulösen.

- Die äusserlichen Objekte werden im Feuer der Nicht-Dualität als identisch mit dem absoluten Bewusstsein erkannt.

- Die Spuren und Rückstände der Wahrnehmungen lösen sich auf.

- Es ist die Vereinigung von Bhairava/Bhairavi im Herzen.

- Durch diese Praxis erhält man übernatürliche Kräfte, die mit dem Wirklichen vollkommen deckungsgleich sind.

Das Verschlingen der inneren Dämonen

Unter „Dämonen" darf man keine äusserlichen, drohenden Wesenheiten verstehen, sondern sollte wie die grosse Yogini Machig der Ansicht sein: „Alle Dämonen sind Manifestationen des Ego."

1. In einer bequemen und entspannten Haltung werdet euch bewusst, dass alle Dämonen aus dem Ego entstandene Formen sind.

2. Denkt an die zwölf Kategorien der Dämonen und wählt diejenige aus, an der ihr arbeiten wollt:
- Mangel
- Angst
- Verlassenheit
- Neurotische Liebe
- Süchte
- Stolz, das positive und negative Urteil über sich selbst, über die anderen
- Die Familie, der Vater, die Mutter
- Wut, Gewalt
- Scham, Schuldgefühl, Nichtswürdigkeit
- Selbstgefälligkeit
- Grausamkeit
- Traurigkeit, Depression

3. Indem ihr im Körper herumreist, geht dem ausgewählten Dämon entgegen. Welches ist seine übliche Bleibe? Handelt es sich um einen Wanderdämon, oder versteckt er sich immer an derselben Stelle?

4. Habt ihr das Zimmer (das Organ) des Dämons gefunden, tretet mit wachen Sinnen in diesen Raum ein. Zu Beginn wird das Zimmer ziemlich dunkel sein. Setzt euch und erforscht die Dunkelheit genau. Was fühlt ihr, was seht ihr?

Besitzt der Dämon Gegenstände, die ihn umgeben, Schutztiere? Erscheint er selbst? Welche Form hat er?

5. Wie viele Arme, Beine, Augen? Wie riecht er? Seine Farbe? Seht ihr Flammen, Tierfetische?

6. Spürt die Frustration des Dämons darüber, dass er Euch nicht ganz besitzen kann, fühlt euren Widerstand, der ihm Kraft verleiht und euch in einen fortwährenden Kampf versetzt. Aber es ist das erste Mal, dass ihr dem Dämon die Stirn bietet, dass ihr ihn seht, es ist keine abstrakte Wesenheit mehr. Um ihn ganz zu beruhigen, werdet ihr ihm euren Körper, eure Essenz darbieten. Er kann euch verschlingen, trinken, euch aufsaugen.

7. Wenn der Dämon befriedigt ist, verschwindet die Spannung. Bietet ihm zum ersten Mal ohne Angst die Stirn. Euer Widerstand hat den Dämon verstärkt. Stellt euch eine kleine Goldkugel im Herzzentrum vor. Es ist möglich, dass diese Konfrontation ihn überrascht, verrückt oder gewalttätig macht, dass er Waffen schwingt, grauenerregende Töne hervorstösst, aber bleibt in der Präsenz der Goldkugel, in der Ruhe des besänftigten Atems.

8. Obgleich ihr im Zimmer bleibt, visualisiert, dass euer Körper im nachtblauen Raum schwebt und dass in diesem Raum Dutzende von Kalis erscheinen, die eine undurchdringbare Kugel bilden. Mit ihrem Köpfmesser und ihrem Dreizack bewaffnet, erwarten sie aufgereizt den Kampf.

9. Schaut dem Dämon in die Augen, selbst wenn seine Augen blutig, schwarz oder furchterregend sind. Spürt nach einem tiefen Einatmen, wie im plötzlichen und kraftvollen Ausatmen sich die Goldkugel ausdehnt, explodiert, aus eurem Körper herauskommt und den Dämon aus seinem Zimmer herausschleudert, durch euren Körper hindurch, dann in den Raum, wo ihn die ausgehungerten Kalis erwarten. Sie stürzen sich auf ihn, schneiden ihn in Stücke und verschlingen ihn.

10. Sobald der Dämon verschwunden ist, kommen die Goldkugel und der Goldnimbus, halb flüssig, halb ätherisch, wieder in das Zimmer zurück. Ihr schwebt im goldenen Licht und dankt der Göttin.

***

Diese Praxis ist intensiv und ermüdend. Behandelt nicht mehr als einen einzigen Dämon auf einmal. Nicht mehr als einen pro Tag. Nehmt nach der Praxis eine Dusche oder taucht in einen Fluss, einen See, ins Meer.

Es ist möglich, dass gewisse Dämonen nicht lockerlassen und versuchen, ihren Raum erneut im Körper einzunehmen. Wiederholt in diesem Fall die Praxis mit dem zurückkehrenden Dämon, bevor ihr euch mit den anderen Dämonen befasst.

Später, wenn die Kraft des Dämons abgenommen hat, macht eine Instant-Praxis: Sobald ihr spürt, wie er in sein Zimmer hineingeht (ein Organ, eine Muskelgruppe, einen Knochen), vertreibt ihn direkt mit der Goldkugel. Lasst ihn sich nicht wieder einnisten.

Die Praxis der „Dämonen" erlaubt es, die fünf Panzerungen zum Verschwinden zu bringen, indem man sieht, wie sie mit den fünf absoluten Eigenschaften verbunden sind:
- Die Allmacht, verbunden mit der begrenzten Handlung
- Das Allwissen, verbunden mit der Begrenzung des Wissens
- Die Vollständigkeit, verbunden mit der Unvollständigkeit
- Die Ewigkeit, verbunden mit der Wahrnehmung der uns begrenzenden Zeit
- Die absolute Freiheit des Selbst, verbunden mit der kleiner machenden Unterwerfung

7 Hymnen und Gesänge zu Kalis Lobpreis

Abhinavaguptas Hymne zum Lobpreis der zwölf Kalis

Abhinavagupta hat eine Hymne zum Lobpreis der zwölf Kalis geschrieben, die einen Einblick in den höchsten mystischen Weg vermittelt, dem der Verehrer von Kali in allen Zuständen der spirituellen Erfahrung gefolgt ist. So beschreibt er den Übergang und die Erfahrung der verschiedenen Kalis, die zum Absoluten führen:

Die erste, **Shristikali,** die Erschaffung der Objekte, ist in dem Moment, in dem der Wunsch zu erschaffen in ihr aufsteigt, das höchste Bewusstsein: die leuchtenden Konturen der latenten Schöpfung nehmen objektiv Gestalt in ihr an.

Die zweite, **Raktakali,** oder Erfahrung der Objekte schreitet ein, wenn das höchste Bewusstsein, das sich als Pfeiler des Wissens manifestiert, durch das Sichtbarmachen der objektiven Welt in Mitleidenschaft gezogen wird. Das ist das Konzept des Könnens, des „Schutzes" des Objekts.

Die dritte, **Sthitinasakali,** Endpunkt der objektiven Erfahrung, ist das höchste Bewusstsein, das seiner sichtbaren Form und in Folge dessen der objektiven Welt ein Ende setzen möchte, aufgrund seiner Neigung, in sich selbst in Form des Bewusstseins, „Ich habe das Objekt gekannt", zu ruhen. Es handelt es sich um das Konzept vom Zunichtemachen des Objekts.

Die vierte, **Yamakali,** oder Zweifel an der Erfahrung des Objekts, ist das Konzept einer undefinierbaren Macht, das sich sowohl auf die konzeptuellen Objekte wie auf die Erfahrung bezieht: ein Zweifel entsteht, wenn die Objekte der Erfahrung, die – reine Idee – verworfen oder ausgeschlossen werden.

Die subtile Unterscheidung zwischen den beiden letzten Kalis wird in diesen beiden Formulierungen zusammengefasst: „Ich habe das Objekt gekannt" und: „Die Objekte der Erfahrung sind von mir un-unterschieden.

Die fünfte, **Samharakali** oder Trennung zwischen Objekten und äusseren Normen, organisiert sich rund um die Macht der Zerstörung. Nachdem es den Zweifel bzw. die Objekte, auf die er ausgerichtet ist, zunichtegemacht hat, ruft das höchste Bewusstsein, das Verschwinden des Sichtbarmachens der Objekte hervor und gliedert sie wieder in sich selber ein, dort sind sie nichts als eins mit ihm.

Die sechste, **Mrityukali,** oder totale Verschmelzung des Objekts in das Subjekt, ist von der gleichen Natur wie der Tod und ruft das Verschwinden des Sichtbarmachens der Objekte hervor. Aber sie ist mit der Objektivität verbunden, denn sie realisiert diese als nicht unterschieden von sich selbst. Dennoch kann diese Objektivität nicht sein, es sei denn, sie beruht auf dem Subjekt, das von allen Beschränkungen frei ist. Mrityukali verdankt ihren Namen der Tatsache, dass sie sogar Samharakali, die fünfte Kali, absorbiert.

Die siebte, **Rudrakali** oder **Bhadrakali** oder momentan wiedererschaffenes Objekt, um schliesslich aufgelöst zu werden, greift in dem Moment ein, wo, direkt nach der Vernichtung der Vielzahl der Objekte, das universelle Bewusstsein ein genaues Objekt, im Geist eines Subjekts, entstehen lässt. Dieses Objekt, mentales Bild einer spezifischen, in der Vergangenheit vollzogenen Handlung, erweckt Zweifel. Ging es um eine gute oder schlechte Tat? Seine Verlängerungen in angenehmen bzw. unangenehmen Erfahrungen, hier und darüber hinaus, ergeben sich aus der Sicherheit, mit der man auf diese Frage antworten kann.

Die achte, **Martandakali,** Verschmelzung der zwölf Kräfte, ist das universelle Bewusstsein, darin, dass es die Verschmelzung der zwölf Pfeiler des Wissens möglich macht –

die fünf Wahrnehmungssinne, die fünf Organe des Tuns, Manas, der Geist und Buddhi, der Intellekt – in Ahamkara oder Bewusstsein des Ich. Martandakali repräsentiert Anakhya, die undefinierbare Macht, die mit den Pfeilern des Bewusstseins verknüpft ist; damit gestattet sie deren Identifikation mit dem Bewusstsein des Ich. Das geht so weit, dass es alles Sein verliert und nicht benennbar wird.

Diese vier letzteren Kalis sind die Aspekte des universalen Bewusstseins, die die Stützen der Kenntnis von Handlung zerstören. Die vier folgenden, beginnend bei Paramarkakali, zerstören das endliche Subjekt.

Die neunte, **Paramarkakali,** ist die Verschmelzung des Bewusstseins vom Ich im endlichen Subjekt des Geistes. Sie repräsentiert die besondere, mit dem endlichen Subjekt verbundene Macht. Damit gestattet sie dessen Erscheinen und verschmelzt in ihm Ahamkara, das Bewusstsein des Ich.

Die zehnte, **Kalanalarudrakali,** Vereinigung des Geistes mit der reinen Weisheit, ist die besondere Macht des universellen Bewusstseins im Moment, wo sie die Verschmelzung eines endlichen Ich mit dem universellen Ich gestattet, in welchem alle Objektivität ihren Meister findet. Die Macht des endlichen Ich, die auf dem Universellen beruht, wird als „Ich bin all das" gelebt. Ihre Fähigkeit, alles in sich zu sammeln, einschliesslich der Zeit, erklärt ihren Namen, Mahakali, höchste Kali.

Die Erfahrung, die Mahakala charakterisiert (die Zeit, die die Zeit transzendiert), artikuliert sich so: „Ich bin all das". Aber es gibt eine höhere Erfahrung, wo das Element „Das" abwesend ist. Diese beiden Erfahrungen sind unterschiedlich, weil in ersterer das „Ich" auf dem „Das" beruht, während in der zweiten, nachdem das „Das" abwesend ist, das „Ich" in sich selbst ruht.

Die elfte Kali, **Mahakalakali,** oder Verschmelzung der Reinen Weisheit in der Energie, ist das universelle Bewusstsein, in dem Moment, wo es die Verschmelzung des „Ich" – welches im „ich bin all das" im Gegensatz zum „Das" glänzt

– mit dem „Reinen „Ich" hervorruft, dem „Vollkommenen Ich", dem „Akula", das frei ist von aller Bindung zur „Objektivität" und dem „Das". Das Subjekt ist zunichtegemacht.

Die zwölfte, **Mahabhairavacandograghorakali** oder Verschmelzung der Energie im Absoluten, umarmt das vollkommene „Ich", „Akula", Subjekt, Objekt, Pfeiler des Wissens, ebenso wie Wissen in vollkommener Einheit mit dem reinen Bewusstsein.

Diese Phase nennt sich „Para". Sie manifestiert sich weder als Subjekt noch als Objekt, noch als Pfeiler des Wissens, noch als Wissen: folglich ist sie ohne jede Anhaftung. Sie ist „vollständig."[31]

Die hundert Namen von Kali

HRIM, oh Furchtbare
SHRIM, oh Erquickende!
KRIM, Du, die Du die Zeit vernichtest!
Ursprung aller Manifestation
Schoss der Shaktis
Zerstörerin der Illusionen unseres Kaliyuga
Balsam für Shivas Asketen
Verschlingerin von Shiva-Rudra, der verschlingt
Rhythmus der Zeit
Glanz der Augen der äussersten Auflösung
Gattin desjenigen, der die Mondsichel trägt
Das Grenzenlose enthaltend
Ozean des Nektars aus Mitgefühl
Die Du teilhast an den Leiden Deiner Kreaturen
Quelle aller Barmherzigkeit
Unendliches Verständnis
Durch Deine Gnade allein empfänglich
Du, das Feuer
Das Raubtier

---

31 Ajit Mookerjee, Kali, la force au féminin (Kali, the feminine force). Thames and Hudson, New York 1988 et 1995

Die mit der schwarzen Haut

Wonne des Herrn der Schöpfung

Düstere Nacht

Du, das Verlangen

Die dennoch von Banden des Verlangens befreit

Dunkel wie eine Gewitterwolke

Mit der Mondsichel geschmückt

Du reisst den Schleier der vom Kaliyuga gewebten Unwissenheit weg

Kaumari, Jungfrau, die sich ihrer Schöpfung erfreut, ohne besessen zu sein

Zuflucht derjenigen, die die Rituale zu Ehren der Jungfrauen vollziehen

Freude der Festlichkeiten zu Ehren der Jungfrauen

Gauri, die heiratsfähige Jungfrau

Du irrst in der Unendlichkeit Deiner Schöpfung wie in einem Wald von Kadamba

Die Blumen des Kadamba-Waldes verzücken Dich

Die Hochwälder von Kadamba umschliessen Deinen Wohnsitz

Blumengirlanden aus Kadamba schmücken Deinen Hals

Du, die Jugend

Du hast die sanfte und tiefe Stimme dessen, der Gift geschluckt hat, um die Ambrosia zu befreien

Der Klang Deiner Stimme weckt die Erinnerung an das leidenschaftliche Duett der durch die Wasser getrennten Chakravaka-Vögel.

Du trinkst Met

Du freust Dich an der Gabe des Mets

Ein Menschenschädel dient Dir als Kelch

Du trägst eine Halskette aus Gebeinen

Lotusblüten entzücken Dich

Du sitzt auf einem Lotus

Du wohnst inmitten eines Lotus

Du berauschst Dich am Parfum der Lotusblüten

Du hast den schwingenden Gang des Hamsa-Vogels

Du befreist die Angst

Du stehst für alle Formen Deines Verlangens ein
Du thronst eingehüllt in die Form des Verlangens
Der Bereich des Begehrens ist Dein Wirkungsfeld
Oh Herrlichkeit
Oh Liane, die um den Kalpa-Baum gewunden ist und
alles Verlangen befriedigt!
Deine Schönheit ist Dein einziger Schmuck
Entzückende Inkarnation der Zärtlichkeit
Zarter Körper
Feiner Wuchs
Du schätzt den Nektar des von Opfern gereinigten
Weins
Du begünstigst diejenigen, die sich am gereinigten
Wein erfreuen
Du bist die eigentliche Energie Deiner von diesem
Wein berauschten Anbeter
Die Verehrung, die Dir mittels gereinigten Weins
zuteilwird, macht Dich zufrieden
Du tauchst im Ozean aus gereinigtem Wein ein
Du bist die Beschützerin dessen, der die rituellen
Übungen mit diesem Wein vollzieht
Das Moschusparfum entzückt Dich
Es glänzt das Tilaka-Zeichen, das auf Deine Stirn mit
Moschus gezeichnet ist
Du segnest diejenigen, die Dich mit Moschus verehren
Und Du liebst diejenigen, die dich mit Moschus
verehren.
Du bist eine Mutter jenen, die Moschus wie Weihrauch
verbrennen.
Der Moschushirsch ist Dir teuer
Du schätzt es, seinen Moschus zu essen
Mit Freude atmest Du den Geruch von Kampfer
Du trägst Girlanden aus Kampferblumen
Dein Körper wird mit einer Paste aus Kampfer- und
Sandelholz eingerieben
Du trinkst mit Kampfer parfümiertem Wein
Du badest in einem Ozean aus Kampfer
Du hast den Wohnsitz im Ozean aus Kampfer

Du wirst gerne mit dem Bija-Mantra Hum angerufen
Wenn Du kämpfst, hörst Du nicht auf, den
schrecklichen Laut des Bija-Mantras Hum
auszustossen
Verkörperung des tantrischen Kaulaweges, wo die
eigentliche Essenz von Shiva/Shakti angebetet wird.
Von den Herren des Kaulaweges verehrt
Wohltäterin der Herren des Kaulaweges
Befolgerin des Kaulaweges
Du, die Freude
Offenbarerin des Pfades der Kaulika
Königin von Kashi
Du befreist von den Leiden des dreifachen Feuers des
Verlangens
Segen Shivas, König von Kashi
Wonne Shivas, König von Kashi
Geliebte Shivas, König von Kashi
Wenn Du Dich bewegst, komponieren die Glöckchen
an Deinem Gürtel
und die vibrierenden Ringe an Deinen Zehen eine
göttliche Musik
Die mittlere Spitze des Berges Sumeru ist Dein
strahlender Wohnsitz
Du bist wie ein Sonnenstrahl auf dem Goldberg
Die Rezitation des Mantras Klim, dessen letzte Silbe
den höchsten Zustand ausdrückt, entzückt Dich
Du bist Klim, das Bija-Mantra von Kama
Du weckst den Durst nach Transzendenz und spornst
ihn an
Du beseitigst die Hindernisse auf dem Pfad der Kaulika
Herrscherin der Adepten des Kaulaweges
Oh Du! die Du durch die drei Bija Krim Hrim Shrim von
der Wirkung des Todes befreist.
Ich grüsse Dich!"[32]

---

32 Usha P. Shastri und Nicole Ménant (Hrsg. und Übers.), Hymnes à la Déesse.
Le Soleil Noir, Paris 1980. Hymne: Auszug aus dem Mahanirvana-Tantra.

Diese Hymne ist ein Teil des Mahanirvana Tantra. Die meisten Tantras sind anonym, und ihre Daten sind unsicher, weil sie mündlich übermittelt wurden, bevor sie niedergeschrieben wurden. Wie der französische Indologe und Forscher Alain Padoux feststellte: „Die Geschichte des Tantrismus zu schreiben, ist unmöglich. Die meisten Tantras wurden wahrscheinlich zwischen dem 6. und 10. Jahrhundert in Kaschmir und Nepal verfasst."

Diese Hymne an Kali beginnt und endet mit dem Gesang von Kalis Bija-Mantras.

OM
KRIM KRIM KRIM
HUM HUM
HRIM HRIM
Daksine
Kalike
KRIM KRIM KRIM
HUM HUM
HRIM HRIM
Svaha!

„So preise ich Dich, oh Kali, Königin von Kashi
Um mit dieser Hymne, die ich zu Deinen Ehren singe
Das Objekt meines Begehrens zu erhalten
Quelle der Glückseligkeit, die die Götter verehren.

Du bist der Ursprung der Welt
Du, die Du keinen Ursprung hast
Hunderte von Hymnen künden davon.
Selbst Brahma, Vishnu und Shiva können Dich nicht kennen
Wir aber, Mutter des Wissens, wir verehren Deine Brüste
Am goldenen Pollen der Safran-Narben gerieben
Oh Herrscherin über die drei Körper, wir verehren dich

Deine vollkommenen Formen strahlen von tausend aufgehenden Sonnen
Deine Stirn, auf der drei Augen glänzen, trägt die Mondsichel
Du hältst den Dreizack, den Säbel, den Kopf des enthaupteten Ego
Eine Schale, um das Blut aufzufangen
Du besitzt die Schwärze der Nacht.

Deine Augen, drei Lotusknospen
Erhellen Dein junges aufblühendes Lotusgesicht
Sinnlich ist Dein Hals, geschmückt mit Riesenperlen
Aus den abgeschlagenen Köpfen gemacht.

Oh Mutter, der Unwissende, der von Zweifel und Hass durchdrungen ist
Kann Deinen strahlenden Körper nicht erfassen
Durch Blutzeichen zur Geltung gebracht
Beugt er sich unter dem Gewicht Deiner köstlichen Brüste
Du, erreichbar einzig durch den Verdienst
Des aufgeblühten Bewusstseins

Oh Zeitzerstörerin, oh Grauen erregende, oh Wohlwollende!
Du bist die Zerstörerin der Illusion des Kali-Yuga.

Mutter der Zeit, Du leuchtest von den Feuern der letzten Auflösung
Du bist das Feuer
Raubtier, schwarz von Tau, finstere Nacht
Befreierin vom Zwang der begrenzten Begierde
Düster, wie eine gewitterschwere Wolke
Du, die die Angst zunichtemacht
Reizend, mit aller Zärtlichkeit verziert
Mit heiliger Ambrosia genährt
Freudig offenbarst Du den Tantrikern den Weg!

Unendlich sind die Nuancen von Schwarz
Aber jenes Schwarz ist reines Wunderwerk:

Wenn man es in sich betrachtet
Erhellt es den Lotus des Herzens
Schwarz vom Aussehen, schwarz der Name
Schwärzer noch als das Finstere
Wer Dein Gesicht betrachtet, ist geblendet
Er bleibt für alles andere unempfänglich!

Sehr süss ist der Name Kali
Dem, der ihn in seinem Herzen murmelt.

Oh Gattin-Mutter von Shiva
Um Dich zu beschreiben, beziehen sich die Weisen auf
Angaben
unserer physischen Welt
Die heiligen Bücher beschwören Dich unter einer
subtilen Form
Einige nennen Dich das Wort
Andere betrachten Dich als Schoss des Universums
Aber für uns bist Du vor allen Dingen ein Ozean der
unendlichen Liebe!

In ihren Herzen visualisieren Dich Deine Anbeter
Deine Stirn, auf der drei Augen glänzen, trägt die
Mondsichel
Du hältst den Dreizack, den Säbel, den Kopf des
enthaupteten Egos
Eine Schale, um das Blut aufzufangen
Du besitzt die Schwärze der Nacht
Deine Substanz ist aus den fünfzig Buchstaben des
Alphabets zusammengesetzt
Wo die Beschaffenheit dessen vibriert, was Ist.

O Gemahlin des Eroberers der drei Städte
Du bist Shiva mit Parvati geeint
Du bist Vishnu, von Lakshmi umarmt
Du bist auch Brahma, aus dem Lotus geboren
Du bist zudem die, die den Laut ausstösst
Und seine Formulierungen lenkt
Und Du bist die Energie, die all das belebt.

Ich, auf die vier klanglichen Beschaffenheiten der
Kundalini konzentriert
wo die ständig bewegenden Kräfte erschallen, die
Deinen Namen erzeugen
Möge ich Dich nie verlieren, oh höchste Gottheit
Substanz und Bewusstsein dessen, was Ist
Du deren Kehle den Urklang hervorbringt
Nachdem die Kundalini die acht Chakras durchbohrt
hat.

Die Glücklichen, die die sechs Gründe des Irrtums
bezwungen haben
Und ihren Atem kontrolliert
Richten mit unbeirrbarem Geist ihren Blick auf das
Unendliche
Sie kontemplieren in Gedanken Deine vom Mond
gekrönte Form
Die vom Glanz der ersten aufgehenden Sonne
schimmert.

Die Tantras verkünden, Du habest das Universum
geschaffen
Und dabei die androgyne Dualität von Shiva/Shakti
auf Dich genommen
Und das ist es, wahrhaftig
Oh Tochter des Berges, Mutter der Schöpfung
Denn ohne Dich
Wäre die Vielzahl der Welten niemals geschaffen
worden.

Die Gattinnen der unteren und oberen Gottheiten
kommen gemeinsam
Die Augen blutunterlaufen vom Übermass an Ambrosia
Um Dich anzubeten in der Höhle des Goldbergs
Sie streuen über Dich die Blüten der himmlischen
Bäume aus
Sie singen Dir zum Lob.

Ich verehre in meinem Herzen Devi-Kundalini

Wenn sie aus dem Muladharachakra, ihrem Wohnsitz, hervorbricht
Um sich bis zu Shivas Thron zu erheben
Und sie öffnet, einen nach dem anderen, die Lotus des königlichen Weges der Sushumna
Ihre Schönheit kleidet sich mit Gleissen des Blitzes
Und ihr Körper strömt über vom Nektar der Vereinigung.

Göttin mit den drei Gesichtern
Du, die Du die Welten erschaffst, erhältst und zerstörst.
Ich suche Zuflucht bei Deinen Lotusfüssen
Die von Brahma, Vishnu und Shiva verehrt werden
Du bist die Erde der Glückseligkeit, Quelle der Tantras
Ursprung aller Fülle, Deine Substanz ist reines Bewusstsein.

Mit dem Gesicht des Mondes
Symbolisierst du, O Mutter, Willen und Verlangen
Und Du schaffst die Welt, die von Klängen vibriert
Mit ihren unzähligen Auswirkungen
Unter der Sonnenmaske
Hast Du die Macht, alle Dinge sichtbar zu machen
Und Du erhältst die Schöpfung
Als Feuer verzehrst Du das ganze Universum
Am Ende der Zeitalter.

Die Menschen verehren Dich unter verschiedensten Namen.
Allererste Frau. Die, die den Ozean von Wiedergeburten errettet
Die Opalisierende, Die Schwarze, vom Feuer des Yogas verbrannt
Göttin der Sprache und der Wissenschaft
Shiva/Shakti mit dem dreifachen Blick
Die die Wege des Wissens offenbart.

Oh Mutter des Universums

Der Dich Verehrende
Erhält, wenn er die Verse dieser Hymne singt
Die Herrschaft über die Wörter und ihre Kräfte
Er gelangt zu DIR
Und zum unwandelbaren Zentrum der allumfassenden
Drehung der Welten."[33]

OM
KRIM KRIM KRIM
HUM HUM
HRIM HRIM
Daksine
Kalike
KRIM KRIM KRIM
HUM HUM
HRIM HRIM
Svaha!

Im Feuer der höchsten Gottheit
sehe ich Dich in jeder Manifestation
und ich verwirkliche die Vereinigung mit der höchsten
Gottheit!

OM *shanti shanti shanti!*
OM, Friede, Friede, Friede!

Gesänge für Kali

Ramprasad ist ohne Zweifel Kalis berühmtester dichtender
Verehrer, er bringt mit Anmut all ihre Aspekte und ihr
ganzes Potential zum Ausdruck. Um 1720 in Bengalen
geboren, lebte er in einer Hütte nahe am Ganges. Schon
früh gab er seine Arbeit als Buchhalter auf. Die Anekdote
dazu ist schön: Nachdem er gebeten worden war, seinem
Arbeitgeber die Rechnungsbücher zurückzugeben,
entdeckte dieser an den Buchrändern wundervolle, in Eile
hingekritzelte Gedichte. Anstatt seinem Angestellten eine

---

33 Hymnes à la Déesse, op. cit.

Rüge zu erteilen, gewährte er ihm ein Stipendium, damit er mit dem Arbeiten aufhören und seine Tage damit verbringen konnte, Kali zu verehren und zu schreiben.

Ramprasad war auch der erste, der gegen die Tieropfer während der Rituale protestierte.

„Zauberin der Herzen
frisch wie ein Lotus
ihr Gang ist der eines Schwans.
Von ihren offenen Haaren wie mit einem Nimbus
umgeben
nackt, trunken, einen Leichnam als Fundament
Sie ist geschickt und ohne Umwege
dieses Kind von sechzehn Jahren
und schön wie der Mond in seiner Fülle!
Aufgehende Sonne und Mond auf der Stirn
Brahma und Vishnu als Ohrgehänge
besitzt sie tausend Zauber
und die Süsse ihres Gesichts
würde sogar Honig verführen!
Geliebte dessen
der den Mond in seinem Haarknoten trägt.
Zuflucht von Mangala und dem Sohn der Sonne
von Buddha verehrt und von Brihaspati
Sie, die Gazellenäugige, vom Wuchs einer Löwin
Sie, die Zerstörerin des Übels
wird von den Göttern angebetet: Hari, Hara, Brahma.
Und so nimmt er seinen Platz ein
in der Familie des Herrn
er, der fortwährende Verehrer
der in Raum gekleideten Mutter.

Ganz süss ist dieser Name der Kali.
Oh! Singe ihn immerdar!
Berausche dich an seiner Essenz
und Schande über dich, meine Zunge
die noch nach Süsse
und Naschwerk verlangt!
Zugleich mit und ohne Form

Kali ist der Buchstabe K
Grundlage all dessen, was ist.
Sie ist Wonne und Befreiung
höchste Bleibe und alleiniger Name
ausser jenem – was gäbe es anderes?
Im Herzen, wo Kali wacht
fliessen die Wasser des Ganges
und wenn die Stunde kommt
spottet des Todes
dieses Herz, das das Ewige geworden ist!
Entzünde also in dir das Feuer des Wissens
giesse die Butter des Guten und des Bösen dort hinein
sowie man das Blatt der Betelnuss darbringt
Bringe dein Herz dar, und auf dass dein Eifer
wie die geheiligte Kelle der Andacht Nahrung gibt.
Prasad sagt: So wurden die Spaltungen
Von dieser Erde des Herzens aufgehoben.
Mein Körper ist das Gebiet von Dakshina-Kali:
Sie hat es mit ihrem Siegel versehen.

Es ist Zeit, O Kali, uns aufeinander einzustimmen
indem ich Dein Mass annehme, oh meine schwarze
Göttin
werde ich das Geheimnis Deiner Nacht durchdringen.
Kali tanzt, ist nicht zu ergreifen
wie könnte ich ihrer habhaft werden?
Auf dem Lotus meines Herzens werde ich sie tanzen
machen
zur Musik meiner Seele.
So, oh meine Seele, werde durch Kalis Schritte
ich Dich den Rhythmus lehren.
Ich werde die sechs rebellischen Leidenschaften
opfern.
Den Namen Kalis werde ich singen
meditieren werde ich auf Kali
in Kali werde ich verschmelzen
und so geht meine Zeit dahin.
Zu allen Jahreszeiten werde ich meinen Weg gehen

und Kala, Zeit des Todes
mit dem Schwarz der Kali werde ich ihn beschmieren.
Mitten ins Angesicht schleudere ich ihm die Kali!
Prasad sagt: Oh Mutter, werde ich mehr dazu sagen?
Was könnte ich noch zum Ausdruck bringen?
Ohne eine Klage, alle Schläge hinnehmend
nie, niemals werde ich Kali vergessen, mich nie,
niemals von ihr lossagen."[34]

***

„Die Fülle der Verehrung findet im Zustand des
vollendeten Bewusstseins statt, dort, wo man überall
diese Energie (Kali) verehrt und wo die innere
spontane Vibration geschieht, die das ganze
Universum beseelt - das Höchste Herz."[35]

---

34 Ramprasad, Chants à Kali. Übers. aus dem Bengalischen: Michèle Lupsa. Les
Belles Lettres, Paris 1982
35 Lilian Silburn, a.a.O.

Daniel Odier

Foto: Isabelle Chaps

Daniel Odier war Schüler von Kalou Rinpoche, anschliessend wurde er von der kaschmirischen Yogini Lalita Devi unterwiesen. Sie übertrug ihm den Spanda- sowie den Pratyabhijna-Pfad des kaschmirischen Tantrismus in der Kaula-Tradition, der Lehre der verrückten Weisheit, die er nun weltweit überliefert. Daniel Odier wurde von Jing Hui, dem Nachfolger von Xun Yun, als Chan-Meister in der Zhao Zhou Linie anerkannt. Seine Bücher über Tantrismus und Chan sind in fünfzehn Sprachen übersetzt.

Alle Bücher, Seminare und weitere Informationen finden sich auf seiner Webseite www.danielodier.com.

Das entflammte Herz - Auf dem tantrischen Weg die Kraft des Herzens entfalten
ISBN-10: 3894275049, ISBN-13: 978-3894275044

Tantra - Eintauchen in die absolute Liebe: Die authentische Geschichte über eine Einweihung im Himalaya durch eine wahrhafte tantrische Meisterin
ISBN-10: 3894272465, ISBN-13: 978-3894272463

Die verrückte Weisheit der Yoginis: Die Glut der kaschmirischen Übertragung
ISBN-10: 3894278714, ISBN-13: 978-3894278717

Tantra Yoga: Vijnana Bhairava Tantra – der Weg zur höchsten Erkenntnis
ISBN-10: 3958831664, ISBN-13: 978-3958831667

Lalla - Mystische Gesänge des kaschmirischen Tantrismus
ISBN-10: 3894278722, ISBN-13: 978-3894278724

Freude: Das Glück im Herzen der Dinge entdecken
ISBN-10: 3894276614, ISBN-13: 978-3894276614

Offene Weite: Der Herz-Geist des Zen
ISBN-10: 3905752123, ISBN-13: 978-3905752120

Die Ekstase des Herzens. Der tantrische Weg zum Erwachen
ISBN-10: 3894272813, ISBN-13: 978-3894272814

Das tantrische Erwachen: Begehren, Leidenschaft und Spiritualität
ISBN-10: 3894276207, ISBN-13: 978-3894276201

Zeitfracht Medien GmbH
Ferdinand-Jühlke-Straße 7
99095 Erfurt, Deutschland
produktsicherheit@kolibri360.de